스타트업 PR

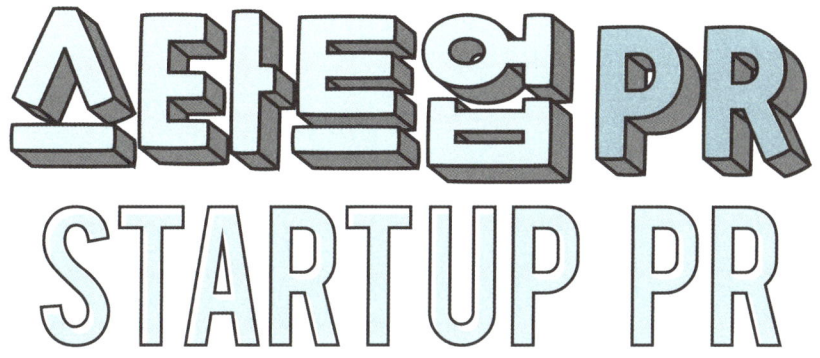

스타트업 PR
STARTUP PR

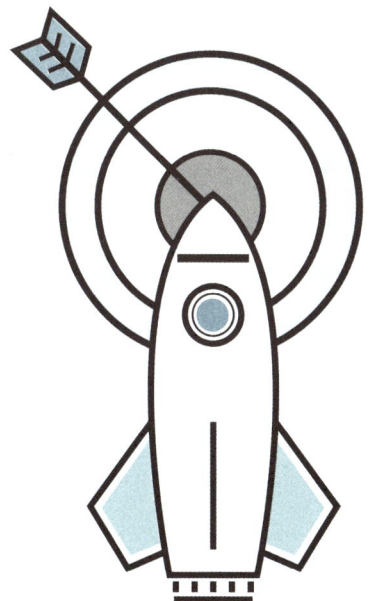

지은이 **최안나**

e 비즈북스

프롤로그

국제기구 언론홍보팀 팀원, 홍보대행사 AE^{Account Executive}, 외국계 기업 마케팅 커뮤니케이션 매니저, 스타트업 마케팅 커뮤니케이션 매니저 등으로 근무하며 다양한 형태의 회사에서 약 14년 동안 일했다. 홍보 신입 때부터 홍보 업무를 직접 가르쳐주고, 틀을 잡아주는 사수가 부재했다.

처음 일을 시작할 때 홍보가 무엇이고, 어떤 일에 중점을 두어야 하는지, 어떻게 해야 하는지 막막했다. 실무적인 부분에서도 보도자료는 어떻게 써야 하는지, 기자한테 어떻게 연락하고 만나야 하는지, 만나서 무슨 말을 해야 하는지, 업무를 어떻게 확장하고 이끌어 나가야 하는지 등 개념을 잡기 어려웠고 답답한 적이 많았다. 물어보고 싶어도 대부분의 경우 회사 내에 물어볼 사람이 없었고, 스스로 헤쳐 나가야 했다.

지나고 보니 어떤 일이든 개념 숙지 후 '하는 방법'만 알면, 기본적인 업무 진행은 충분히 가능하다는 것을 깨달았다. 홍보도 마찬가지다. 하지만 누가 처음부터 기초를 알려주지 않으면 내가 제대로 하고 있는 건지, 잘하고 있더라도 내가 잘하고 있는 건지 계속 의구심을 떨치기 어렵다. 물론 그 '기본'이라는 것을 알기 어려울 수 있지만, 알게 된다 하더라도 제대로 하기까지는 많은 경험과 시간이 필요하다. 하지만 '기본'을 알면 자신감을 가지고 최소한 일에 착수할 수 있다. 업무의 방향과 방법을 알기 때문에 우선 시작이 가능한 것이다.

주니어 시절의 나 자신을 떠올리며, 어떤 점이 어려웠는지 생각해 봤다. 이론과 개념을 설명하는 책은 많지만 실제로 '그래서 어떻게 해야 하는지'에 대해 실무적으로 알려주는 책은 별로 없는 것 같다. 나는 신입 때 '하나부터 열까지 그래서 그 업무를 **구체적으로** 어떻게 하면 되는 건데요?'가 궁금했는데 말이다. 그래서 이 책을 쓰게 됐다.

홍보 업무를 시작했지만, 선배, 사수가 없는 스타트업 홍보 담당자들에게 홍보의 기본적인 개념과 구체적으로 실행해야 하는 업무 방법을 알려주고자 한다. 그래서 그들이 우선 기본을 익히면서 추후 스스로 업무 범위를 확장할 수 있도록 도와주고 싶다. 가능하면 바로 적용할 수 있도록 각각의 업무에 대해 최대한 자세히 적어보려 노력했다.

홍보대행사로 이직할 때는 홍보 일을 시작한 지 3년 차 되던 해였다. 그전에 국제기구 언론홍보팀에서 일했지만, 홍보대행사의 많은 업무량, 다양한 홍보 업무, 더불어 빠른 업무 처리 속도는 경험해보지 못한 것이었다. 홍보대행사로 이직하자마자 한 달 정도는 버벅댔고, 상사한테 혼도 많이 났으며 많은 한숨 소리를 들어야만 했다. 다행히도 한 달 후, 업무 스킬, 패턴에 적응해 향상된 업무 실력을 바탕으로 대행사 스피드에 맞게 일할 수 있었다. 어느 날, 상사가 커피를 마시면서 이렇게 이야기했다.

"내가 보니까 자기는 능력이 없는 게 아니라, 경험이 없었던 거였어."

그렇다. 누구나 열심히 하려는 태도만 있으면, 업무를 알면, 해보면, 잘할 수 있다. 구체적인 업무 방법을 알게 되면 기본부터 시작하면 되고, 그렇게 기본에 충실하게 일하다 보면, 좋은 성과가 나오기 시작한다.

홍보에서 마법은 없다. 한 번에 터지는 대박은 없다는 말이다. 홍보 업무는 꾸준히 기본에 제대로 충실하게 실행하면 된다. 기본을 알았다면 적극적으로, 상황을 앞서서 주도하는 Proactive 태도로 업무에 임하면 된다. 그러면 홍보 담당자의 노력을 통해 점점 회사와 제품을 소개하는 기사가 많이 나오고, 회사가 알려지고, 그런 노력이 쌓이다 보면 소위 말하는 대박이 터진다.

  이 책은 홍보 실무의 기본을 알려주기 위해 쓰였다. 업무 방법을 몰라 헤맸다면, 이 책으로 업무 틀을 잡을 수 있을 것이다. 그 뒤는 여러분 몫이다. 답은 없다. 최소한 '어떻게'를 몰라 일을 제대로 못하는 상황이 발생하지 않도록 적어보았다. 기본기를 닦은 후 어떤 아이디어를 내고, 어떻게 업무를 확장해갈지는 홍보 담당자 개인이 얼마나 치열하게 고민하는가에 달려있다.

차례

프롤로그 _ 4

1장 홍보 업무에 대한 이해
홍보 업무 이해　　　　　　　　　　　　　　　　　13
스타트업 홍보 담당자와 홍보 업무 특징　　　　　16
스타트업에 언론홍보가 필요한 이유　　　　　　　23
홍보 담당자에게 필요한 태도와 스킬　　　　　　　27

2장 홍보 전략 기획
내부 및 외부 환경 분석　　　　　　　　　　　　　37
홍보 목표 설정　　　　　　　　　　　　　　　　　44
홍보 메시지 구축　　　　　　　　　　　　　　　　46
홍보 채널 및 프로그램 선택　　　　　　　　　　　48
홍보 효과 측정　　　　　　　　　　　　　　　　　49

3장 기사 작성하는 방법
보도자료　　　　　　　　　　　　　　　　　　　　57
기획기사　　　　　　　　　　　　　　　　　　　　74
대표 인터뷰　　　　　　　　　　　　　　　　　　　84

4장 홍보 자료 및 콘텐츠 만들기
프레스 키트 만드는 방법과 전체적인 구성　　　　97
기자 요청 자료 만드는 방법　　　　　　　　　　 100

| 블로그 콘텐츠 기획하는 방법 | 102 |
| 홍보 담당자의 기타 업무 | 108 |

5장 기자 관계 구축

기자 관계 구축이 필요한 이유	113
미디어 리스트 만드는 방법	117
기자 미팅	121
기자 간담회	130

6장 해외 홍보

해외 홍보 방법	137
해외 홍보 에이전시와 일하는 방법	141
성공하는 CES 홍보 방법	144
해외 크라우드 펀딩 기획과 홍보	164

7장 스타트업 홍보 담당자 인터뷰

'여기어때' 커뮤니케이션팀 문지형 이사	181
'다방' 홍보팀 박샘이 팀장	191
'중고나라' 미디어전략실 유승훈 실장	203

에필로그 _ 217

01
홍보 업무에 대한 이해

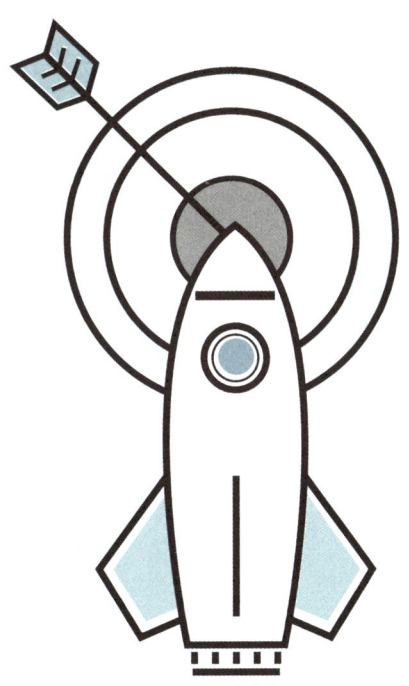

1장 .. 홍보 업무에 대한 이해

홍보 업무 이해

홍보 업무의 범위는 어디서부터 어디까지일까? 홍보 담당자를 채용한다는 채용공고를 낸다면, 어떻게 업무 리스트를 적어야 할까?

홍보는 마케팅의 일부분으로 대중과 이해관계자들에게 기업과 제품의 긍정적인 이미지를 구축하는 활동이다. 마케팅에서 프로모션은 홍보보다 더 큰 개념으로 제품 판매를 주목적으로 한다. 하지만 이를 혼재해 사용하기도 하고, 업무 범위도 겹치는 경우가 많다. 홍보가 무엇이고, 어떤 일을 하는 것인지 알아보자.

1. 홍보란 무엇일까?

홍보 Public Relations 는 회사와 관련한 모든 이해관계자들의 이해와 협력을 얻기 위해 자신의 활동, 업적, 계획을 알리고, 이를 통해 그들을 설득하는 전략적 커뮤니케이션 활동이다. 관계자는 언론, 소비자, 투자자, 정부 기관, 지역사회, 회사 임직원 등을 뜻한다.

또한 홍보는 마케팅의 4P^{Product, Price, Place, Promotion}에서 Promotion에 속하는 활동 중 하나로 설명되기도 한다. Promotion은 상품이나 서비스의 판매, 인지도, 이해도, 호감도 등을 향상시키는 전반적인 활동이다. 관련 업무에는 판매 촉진, 광고, 다이렉트 마케팅^{Direct marketing} 등이 있는데 그중 하나가 바로 퍼블리시티^{Publicity}인 언론홍보다. '홍보' 업무라고 말하면, 기본적으로 '언론홍보'를 의미한다.

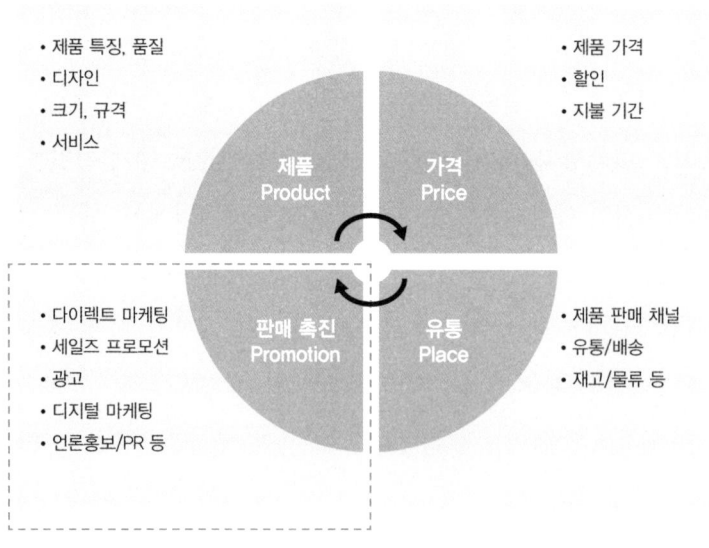

마케팅의 4P

홍보 및 마케팅 채널이 다양해지면서 IMC 즉, 통합된 마케팅 커뮤니케이션이라는 개념이 등장했다. IMC는 판매 촉진(프로모션)의 다양한 방법, 즉 다이렉트 마케팅, 세일즈 프로모션, 광고, 디지털 마케팅, 언론홍보 등의 메시지를 전략적, 통합적으로 관리하는 계획을 세우고 실행하는 과정이다. 메시지의 명료성과 일관성을 바탕으로 다양한 이해관계자와 채널을 통해 커뮤니케이션하는 것이 목표이다.

예를 들어 언론홍보에서는 제품의 가성비를 강조하고, SNS 및 블로그에서는 같은 제품의 고급스러움을 강조한다면 전체적으로 메시지 관리가 안 되는 것이다. 통합적이고 일관되며, 체계적으로 세워진 커뮤니케이션 계획 아래서 각 팀별로 업무를 나눠 진행한다고 이해하면 된다.

2. 일당백을 해야 하는 스타트업 홍보 담당자

더군다나 디지털 시대가 되면서 '홍보'와 '마케팅' 업무의 경계가 더욱 모호해지는 측면이 있기 때문에 기업 홍보팀의 업무 범위가 조금씩 다를 수 있다. 하지만 보통 홍보팀에서는 '언론홍보'가 핵심 업무이고, 회사에 따라 블로그 콘텐츠 기획 및 관리, 대관 업무, 사내 커뮤니케이션, SNS 콘텐츠 기획 및 관리 등의 업무도 포함될 수 있다.

미국 실리콘밸리에서 나온 용어인 스타트업은 혁신 기술과 아이디어를 가진 신생 벤처기업을 의미한다. 자금력이 부족하고 위험부담이 크지만 고성장, 고수익의 가능성이 있다. 수직적인 조직 문화가 아닌 직원 간의 수평적 관계를 바탕으로 자유로운 업무 환경에서 혁신을 이루려고 한다.

하지만 이제 시작하는 회사인 만큼 규모가 작고 인력이 부족하다. 대기업이라면 팀별로 주요 업무가 세분화되어 있지만, 스타트업의 홍보 담당자는 언론홍보뿐만 아니라 많은 일들도 함께 진행해야 한다. '일당백'의 역할을 해야 하는 것이 현실이다.

만약 업무가 너무 많이 주어진다면 회사 내에서 어디까지가 홍보팀의 업무라는 경계를 짓는 것도 필요하다. 그렇지 않으면 시스템과 업무 프로세스가 제대로 구축되어 있지 않은 스타트업에서 인력 리소스가 고려되지 않은 채, 혼자 굉장히 많은 업무량을 소화해야 하는 경우가 발생할 수 있다.

스타트업 홍보 담당자와 홍보 업무 특징

스타트업 홍보 담당자는 회사 이야기, 제품 이야기, 내부 직원 이야기, 자랑하고 싶은 이야기 등을 다양한 각도로 보고 홍보 소재를 발굴해 스토리텔링을 하는 사람이다. 좋은 선물을 더 좋게 보이기 위해 예쁘게 포장하듯, 홍보 담당자도 회사와 제품이 좋은 이미지를 가질 수 있도록 커뮤니케이션한다.

스타트업은 인지도가 없다시피 하기 때문에 홍보 담당자가 적극적으로 다양한 콘텐츠를 발굴해 회사와 제품을 소개해야 한다. 홍보 담당자가 이야기를 전달하는 대상은 기자, 소비자 등 회사 외부 사람들이 될 수 있고, 내부 임직원이 될 수도 있다.

더불어 홍보 담당자는 많은 사람을 만나는 것이 일에 포함되어 있기 때문에 사람을 만나면서 에너지와 아이디어를 얻고, 설명하는 것을 좋아해야 한다. 무엇보다 다이내믹하게 돌아가는 홍보 업무의 특성만큼 열정적인 에너지를 가지고 있어야 한다. 이런 스타트업 홍보 담당자의 업무에는 어떤 특징이 있는지 다섯 항목으로 정리해보았다.

1. 업무를 가르쳐주는 사람이 없어서 자기주도적으로 일해야 한다

큰 규모의 기업이 아닌 이상 홍보팀이 있는 회사는 많지 않다. 보통 제품의 개발, 생산, 판매에 직접적 관련이 있는 다른 부서 채용을 우선순위에 두고 추후에 여력이 되면 홍보 담당자를 채용하기 때문이다.

그래서 초기 스타트업 홍보팀에 합류하게 되면, 구축되어 있는 시스템이 전혀 없거나 사수가 없는 경우가 많기 때문에 자기주도적으로 일해야 한다. 이는 일의 확장을 의미하기도 한다. 자기주도적으로 일한다는 것은, 주어진 딱 '그 일'만 하는 것이 아니라, 업무 자체의 근본적인 의미를 생각하며 업무를 다양한 방향으로 확장할 수 있다는 의미이다. 예를 들어 홍보를 하면 언론홍보만 하는 것이 아니라, 우리 회사를 알릴 수 있는 새로운 콘텐츠, 채널 등 모든 방법들을 찾아보고 진행하는 것이다.

필자도 스타트업 홍보 담당자로 입사할 때, 입사와 동시에 홍보팀이 만들어졌다. 홍보팀이라고 하지만 1인 홍보 체제였다. 그래서 입사 후 홍보 관련 모든 업무를 스스로 기획하고 실행하는 등 인턴에서 팀장의 역할까지 모두 소화하며 일해야 했다. 물론 회사가 커가고, 다른 업무도 맡으며 팀장으로서 다른 팀원과 함께 일하기도 했지만, 언론홍보 쪽은 퇴사 전까지 혼자 커버했다.

이러한 업무 환경 때문에 3년 이하 경력을 가진 신입이나 주니어는 스타트업에서 일하는 데 많은 어려움을 느낄 수 있다. 주니어의 경우 자신이 함께 일하며 보고 배울 만한 사수가 없다면, 업무 능력 향상이 어렵고 업무 체계를 잡아가는 데 많은 시간이 걸릴 수 있다.

물론 성향에 따라 '나는 자기주도적으로 누가 시키지 않아도, 가르쳐주지 않아도 잘 할 수 있다.'는 사람이면 문제가 없을 수 있다. 하지만 어느 정도 기본기를 익힌 후 혼자 일을 진행하는 것과 아예 처음부터 혼자 진행하는 것은 다르다. 후자는 일하면서 계속 막막함을 느낄 수 있다.

반대로 5년 이상의 경력직에게는 스타트업에서 일하는 것이 도움이 될 수 있다. 스타트업에서 일하기 전, 시스템이 갖춰진 회사에서 일했다면 어느 정도 일의 프로세스도 알고 자신의 일에 대한 기본기가 있기 때문에 스타트업에서 자신의 역량과 기량을 펼치며 일할 수 있기 때문이다. 스타트업 초반에는 일을 시키는 사람이 적은 만큼 자신이 주도적으로 일하며 성과를 낼 수 있다는 장점이 있다. 하지만 스타트업이 커가면서 이런 장점도 사라질 수 있다.

필자도 소비자 가전 전시회 CES, Consumer Electronics Show 라는 행사를 준비하라는 업무 지시를 받고 어떻게 부스를 신청해야 하는지부터 하나하나 스스로 찾아보고 진행했다. 행사를 준비하면서 CES 혁신상이라는 것이 있다는 것도 알았고, 이 상에 지원해 2년 연속 수상한 적도 있었다. 이후에도 다양한 상을 찾아보기 시작했고, 회사 제품과 관련된 어워드에 가능한 한 많이 지원해서 해외 어워드를 약 5번 정도 수상할 수 있었다.

또한 스타트업에서는 일을 구체적으로 지시하는 사람이 없는 경우가 많은데, 업무 담당자에게 자율과 권한을 주기 때문이기도 하고, 그들도 타 업무에 대한 전문지식이 없기 때문이기도 하다. 그래서 홍보 담당자 스스로 회사에 도움이 되면서, 자신을 성장시키고 성취할 수 있는 업무를 찾아야 하고, 실행해야 한다.

2. 일당백으로 일하기 때문에 큰 성취감과 자생력이 생긴다

일당백으로 일하다가 일이 잘 풀리고 업무에서 다양한 성과를 내면 그 성취감은 매우 크다. 맨땅에 헤딩하면서 하나씩 풀어갔던 자신의 치열한 노력이 증명되는 과정이기 때문이다.

스타트업에서 주어진 일들을 성장의 기회라고 생각하고, 다양한 업무에 열린 마음으로 임하면 그러한 모든 경험이 나의 자산이 될 수 있다. 대기업에서는 보통 업무가 체계적인 만큼 일이 세분화되어 업무 범위가 작을 수 있다. 하지만 스타트업은 시스템이 부재하지만 그만큼 자율적인 분위기에서 다양한 업무에 도전하며 일할 수 있는 환경이다.

또한 이렇게 일하다 보면 자연스럽게 자생력이 길러지는데, 상황이 척박하다 보니 그 안에서 일을 하려면 하나부터 열까지 다 알아보면서 열심히 그리고 제대로 일을 해야 하기 때문이다. 시스템이 없으니 일을 하면서 업무 프로세스를 구축해야 하고, 업무 관련 자료도 하나씩 만들어서 축적해가야 하는 등 많은 노력이 필요하다. 필자도 스타트업에서 일할 때는 힘들었지만 그러한 홍보 경험과 성과를 바탕으로 '스타트업 홍보' 강의도 하고 이렇게 글을 쓰고 있다. 세상에 공짜는 없다. 뿌린 대로 거둔다.

3. 다양한 업무를 경험할 수 있다

일당백으로 일한다는 것은 또한 다양한 업무를 맡아 진행한다는 것을 뜻한다. 긍정적인 부분은 다양한 방면에서 실력을 쌓을 수 있는 것이지만, 부정적으로 보면 R&R^{Role and Responsibility}이 분명하지 않기 때문에 일하면서 '내가 지금 여기서 뭘 하고 있는 거지?'라는 불안감이 들 수 있다.

필자도 스타트업에서 국내 및 해외 언론홍보, 구글 및 페이스북 광고, 한/영 블로그 운영, 웹사이트 기획, 크라우드 펀딩 기획 및 진행, OEM 관련 프로젝트 진행, IPO^{Initial Public Offering}(주식공개상장)를 위한 PR, 해외 미디어 이벤트 참여, 해외 어워드 신청, 제품 리플릿 및 동영상 기획 등 다양한 일을 진행했었다.

앞서 이야기했듯 많은 기회를 가지고 열심히 하면 모든 경험이 내 것이 된다. 하지만 업무 정체성이 혼란스럽거나 일이 매우 많다고 느낄 수 있다. 또한 일이 두서없이 주어지면서 다양한 지시가 한꺼번에 쏟아진다면, 자신의 커리어 방향성과 매치해봐야 한다. 그래서 이도 저도 안 될 것 같다는 생각이 들면 퇴사하는 것을 추천한다.

무엇보다 다양하게 주어지는 업무가 내 커리어를, 내 역량을 성장시킬 수 있는가를 생각해봐야 한다는 것이다. 일에도 성장할 수 있는 일이 있고, 잡일이 있다. 회사라는 조직에서는 당연히 내가 하고 싶은 일만 할 수 없고, 어느 정도 잡일도 해야 한다. 하지만 그 잡일의 비중이 다양한 업무라는 그럴듯한 포장으로 내 업무의 많은 부분을 차지하고, 오랜 시간 발전이 없는 상태가 지속된다면 시간을 낭비하지 말고 미련 없이 떠나야 한다. 물론 새롭게 맡는 업무가 재미있고, 내가 발전할 수 있는 일이라고 생각한다면 문제될 것은 없다.

4. 혁신기술을 접하면서 일할 수 있다

스타트업은 4차 산업 혁신기술을 접목해 제품을 만들거나 서비스를 하기 때문에, 시대의 새로운 흐름에 맞춰 일할 수 있다는 것이 큰 장점이다. 회사에서 바쁘게 일하다 보면 자신이 다니는 회사, 자신의 업무 외에는 깊게 생각할 여유가 없다. 그러다 보면 세상이 어떻게 변화하고 있는지, 새로운 기술이 우리 삶에 어떻게 적용되고 있는지에 대해 관심을 갖기가 어려울 수 있다.

하지만 스타트업에서 일하면 새로운 기술을 직접 경험하고, 거대한 변화의 흐름 속에서 실무 경험을 쌓을 수 있다는 장점이 있다.

5. 나의 비전을 고민하며 일할 수 있다

이제는 자신이 하는 일에 대한 의미가 굉장히 중요한 시대이다. 회사를 다니면서 사람들은 점점 '지금 하고 있는 일이 '나'라는 사람을 실현시켜줄 수 있는 일인가?'를 고민하게 된다. 매슬로우의 욕구 5단계 이론에서 맨 위에 있는 것이 바로 자아실현의 욕구이다. 우리는 이제 일을 통해 자신을 표현하려고 하고, 자신을 나타내는 등 자신과 맞는 일을 찾고 그 일을 성공적으로 수행하려 한다. 그래서 일을 끝마쳤을 때 허탈감, 허무함이 아니라 만족감, 즐거움, 성취감을 느끼고 싶어 하는 것이다.

스타트업에서는 대표가 어떻게 회사를 시작하고, 도전하며 경영하는지를 매우 가까운 거리에서 볼 수 있으며, 이를 통해 직원도 창업 과정을 간접적으로 경험할 수 있다. 이러한 업무 환경은 자신의 일에 대한 최종 목적지를 생각하게 만든다. 창업은 자신이 할 수 없는 것, 막연한 것이라고 생각했는데 옆에서 지켜보면서 창업이든, 자영업이든, 프리랜서든 자신도 언젠가 어떤 회사의 직원이 아닌 '대표'로서 일하는 모습을 떠올리게 된다.

그러면 '나의 커리어 비전은 무엇이며, 지금 하고 있는 일이 내 스킬과 역량 발전에 어떻게 도움이 될 것인가, 더 나아가 내 인생 비전과 어떻게 연결될 것인가'에 대한 고민으로 이어진다. 이러한 생각은 다시 스타트업에서의 다양한 업무 기회에 개방적일 수 있게 해주고, 일에 더 몰입하고 잘 수행해낼 수 있도록 만들어준다.

　물론 스타트업마다 다른 부분, 다른 환경이 있기 때문에 100% 이렇다고 말하는 것은 아니다. 스타트업도 회사가 커지면서 장점이 없어지기도 하고, 단점이었던 부분이 고쳐지기도 한다.

스타트업에 언론홍보가 필요한 이유

제품을 잘 만든다고 끝이 아니다. 홍보를 통해 좋은 제품을 알려야 사람들이 '제품의 존재'를 알게 되고, 구매를 시작하기 때문이다. 무엇보다 언론홍보는 세일즈, 투자 유치, 인재 유치, 브랜드 빌딩 등을 위한 '전방위적 지원사격'이기 때문에 이미 잘 알려진 대기업보다 아무도 모르는 스타트업에 훨씬 더 크게 도움이 된다.

　스타트업에 언론홍보가 큰 힘이 되는 가장 현실적인 이유는 가성비가 좋기 때문이다. 광고는 신문의 지면이나 방송의 시간대를 사야 하기 때문에 비용이 많이 들지만, 언론홍보는 흥미 있는 이야기를 기자에게 피칭해서 기사화하는 것이기 때문에 무료이다. 필자에게 돈 안 들이고 제품을 홍보하는 방법이 있냐고 물어보는 경우가 많은데, 그에 대한 답변은 바로 '언론홍보'이다. 물론 홍보 담당자의 치열한 노력이라는 전제가 뒷받침되어야 된다는 것을 잊지 말자.

1. '세일즈'에 도움이 된다

세상에 없던 회사가, 세상에 없던 제품이 탄생했다. 우리가 만든 제품이 필요한 그 누군가를 위해서 회사도, 제품도 알려야 한다. 우리 회사의 제품이 필요한 소비자들은 신문 지면, 온라인 매체, 방송 뉴스, 잡지 기사 등을 통해 신제품 출시 소식을 접할 수 있다. 그리고 나서 이 제품에 대해서 더 알아보고 싶은지, 더 나아가 살지 말지를 고민하는 단계로 넘어간다.

필자가 스타트업에서 일할 때 국내 및 해외 미디어에 제품 소개 기사가 나간 후, 기사를 보고 회사로 전화가 오거나, 이메일, SNS 계정 등을 통해 구매 문의가 들어왔고, 실제로 해외에서 판매되기도 했다.

또한 의료기기이다 보니 기사를 보고 환자들이 먼저 병원에 연락해 이러한 제품이 그 병원에 있는지를 물어봐서, 의사와 치료사가 제품에 대해 알게 되고 병원 구매로 이어진 적도 있었다.

2. 투자를 받는 데 도움이 된다

스타트업은 초기에 자금이 부족하기 때문에 투자를 받는 것이 매우 중요하지만, 초반에는 매출도 없는 등 내세울 만한 부분이 별로 없다. 그렇다면 유명 미디어에 회사 및 제품에 대한 기사가 나오는 것이 이런 부분에 어떻게 도움이 될 수 있을까?

예를 들어 어떤 스타트업이 국내 유수 매체뿐만 아니라 미국 CNN,

영국 BBC 등의 방송에 소개됐다고 가정해보자. 투자자들은 세계적으로 유명한 매체에 소개됐다는 것만으로도 회사에 신뢰를 가질 수 있다. 실제로 필자가 근무했던 스타트업이 IPO를 진행할 때, 대표가 투자자들에게 해외 언론에 소개된 사례를 언급하며 발표를 진행했었다.

또한 스타트업은 투자자들에게 회사의 비전을 보여줘야 하는데, 대표의 비전이 다양한 언론 매체 인터뷰를 통해 소개된다면 그렇지 않은 경우보다 훨씬 더 신뢰감을 줄 수 있을 것이다.

3. 좋은 인재들을 끌어모으는 데 도움이 된다

스타트업은 아직 알려지지 않았기 때문에 인재를 채용하는 것이 매우 어렵다. 구직자들이 회사에 대해 모르니까 아예 지원조차 할 수 없는 경우도 많다.

우리는 보통 어느 회사에 지원하고자 할 때, 그 회사에 대해 알아보기 위해 인터넷 검색을 한다. 만약 스타트업에 지원하려고 했는데 포털 사이트에 아무 정보도 나오지 않는다면, 구직자들이 지원을 망설일 수도 있다.

하지만 지원하는 스타트업에 대한 기사, 대표 인터뷰 등이 많이 올라와 있다면, 그 스타트업의 제품은 무엇인지, 최근 어떤 활동으로 주목을 받았는지, 대표의 철학은 무엇인지 등에 대해서 정보를 얻을 수 있다. 이러한 기사 내용을 바탕으로, 구직자는 자신과 맞는 회사인지 아닌지에 대해 알아볼 수도 있고, 회사에 대한 긍정적인 이미지를 가질 수 있다.

4. 브랜드 이미지 구축에 도움이 된다

스타트업은 언론홍보를 통해 다양한 이야기를 풀어감으로써 그 브랜드의 인지도를 올리고, 브랜드 이미지를 구축할 수 있다. 다양한 기사를 통해 메시지를 전달하다 보면, 사람들은 우리가 어떤 회사인지, 어떤 제품을 만드는지 조금씩 알게 된다.

예를 들어 '그 스타트업은 특정 산업에서, 특정 고객을 타깃으로, 특정 제품을 만드는 회사'라는 이미지와 정의가 생긴다. 이러한 기본적인 부분 이외에도 기술력을 가진 회사, 해외에서 잘나가는 회사라는 이미지 등을 언론기사를 통해 만들어갈 수 있다.

5. 홍보가 홍보를 돕는다

초기에 많은 노력을 기울여 많은 기사를 내고 방송 등에 나오면 기자들이 먼저 회사 및 제품에 대해 문의하고, 계속해서 기사화가 되는 선순환이 반복된다. 기자들이 취재를 시작할 때, 세상의 모든 정보를 처음부터 가지고 있지 않기 때문에 특정 주제에 대한 아이디어를 얻거나, 취재를 위한 자료를 얻기 위해 인터넷에 검색하기도 한다.

필자도 제품과 관련해 '인공지능 의료기기'라는 앵글로 기사를 낸 적이 있었다. 이와 관련한 내용의 기사를 쓰려고 계획했던 기자들이 관련 단어를 검색해서, 이미 나왔던 우리 회사 기사를 보고 먼저 연락이 왔고, 또 다른 기사로 이어진 적이 있었다.

홍보 담당자에게 필요한 태도와 스킬

재무·회계 담당자는 꼼꼼함, 디자이너는 창의력, 영업자는 추진력 등 각 직무마다 업무를 잘 해낼 수 있는 태도, 자질, 역량, 스킬이 조금씩 다를 수 있다.

우리는 직업을 선택하기에 앞서 그 직업은 어떤 업무를 해야 하는지, 자신의 성향과 적성이 그 업무에 잘 맞는지, 업무에 어떤 능력이 요구되는지 등을 파악해야 한다. 이런 분석 과정을 거쳐 직업을 선택한다면 그 일을 즐기며 할 수 있고, 더 잘하려고 노력할 가능성이 높으며, 이를 통해 많은 성과를 낼 수 있다. 그렇다면 홍보 담당자가 갖춰야 할 태도와 스킬은 무엇일까? 참고로 지금부터 이야기할 내용은 성장 마인드셋과 훈련을 통해 충분히 기를 수 있는 부분이다.

1. 적극적이어야 한다

스타트업 홍보 담당자의 가장 중요한 태도는 바로 적극성이다. 이 부분은 모든 부서에 적용되는 태도이기는 하나, 홍보 업무에서 더욱더 중요한 부분이다. 홍보 담당자는 어떤 앵글로 제품을 소개할지 많은 고민을 해야 하고, 다양한 홍보 콘텐츠를 만들고, 기자들에게 연락해 미팅을 진행하고, 스토리를 피칭하는 등의 활동을 자기주도적으로 해야 하기 때문이다.

2. 신속해야 한다

홍보 담당자와 가장 많이 협력하며 일하는 기자들은 매일 마감 시간이 있기 때문에 업무가 바쁘게 돌아간다. 그런 기자들과 함께 호흡하면서 일하려면 홍보 담당자도 신속해야 한다. 어떤 자료를 요청 받았을 때 오랜 시간이 지나서 답변을 한다면 이미 기사는 마감되고 우리 회사에 대한 내용이 나올 가능성은 적어진다. 기자로부터 요청 받았을 때 바로 알아보고 가능하면 한두 시간 내 자료를 정리해서 전달해야 한다.

또한 업무의 특성상 다양한 일들이 다양한 방식으로 한 번에 쏟아지기 때문에 그때그때 처리하는 업무 방식도 중요하다. 그렇지 않으면 쌓여 있는 업무를 잊어버리고 '아! 맞다. 그거!' 하는 순간이 올 수도 있다.

3. 정확해야 한다

홍보 담당자들은 빠르면서도 정확한 정보를 전달해야 한다. 신속하게만 일을 처리하다가 정확하지 않은 정보를 전달한다면 추후에 기자에게 기사 정정을 요청하는 번거로움을 겪을 수 있다. 번거롭기만 하면 다행인데 이런 일이 반복되면, 기자는 그 홍보 담당자가 제공하는 정보를 더 이상 신뢰하지 않게 된다. 특히 수치 등은 반드시 더블 체킹을 해야 한다.

4. 꼼꼼해야 한다

기사 모니터링, 보도자료, 기획기사, 기자 요청 대응, 기자 미팅, 홍보 자료 정리, SNS 관리, 블로그 관리 등 홍보 담당자는 하루에 다양한 일들을 처리해야 하는 경우가 많다. 주어진 업무를 모두 적어놓고 빠짐없이 기한 내에 처리할 수 있도록 우선순위를 정하되, 놓치는 일이 없도록 해야 한다.

5. 습득력이 좋아야 한다

홍보 담당자는 우리 제품에 대해 잘 모르는 기자들과 그 매체에서 정보를 얻는 일반 사람들에게 정보를 전달해야 한다. 이를 위해 회사와 제품에 대한 높은 이해도를 가지고 내용을 잘 소화한 뒤, 글이나 말로 쉽게 풀어 설명해야 한다.

특히 홍보대행사에서 일한다면, 최소 2~3개의 클라이언트를 맡기 때문에, 각 제품의 속성과 특징을 빨리 캐치하고 홍보해야 한다.

6. 진정성이 있어야 한다

홍보 담당자는 단순히 회사와 제품이 존재한다고 알리기만 하는 사람이 아니라, '그 제품이 어떤 유익함을 줄 수 있는지', '그 제품이 어떤 혜택을 줄 수 있는지' 등에 대한 가치를 이야기하는 사람이다. 그렇기 때문에 홍보 담당자가 자신이 홍보하는 회사와 제품의 가치를 진심으로 믿는다면, '이 좋은 걸 더 많은 사람들이 알았으면 좋겠다'라는 마음으로 더욱 열정적으로 홍보 활동을 할 것이다. 하지만 홍보하는 사람이 그 제품에 대한 신뢰가 없다면 제품이 좋다고 홍보를 해야 하는 자신도 괴롭고, 듣는 사람들에게도 그러한 마음이 전달될 것이다.

7. 사교성이 있어야 한다

스타트업 홍보 담당자는 새로운 사람들을 만나면서 일하는 것을 즐겨야 한다. 일면식도 없는 기자들에게 연락하고, 처음 만나는 자리에서 회사와 제품을 소개하는 등의 일을 해야 하기 때문이다. 다양한 매체의 기자들과 신뢰를 형성하고, 관계를 쌓아가면서, 다양한 홍보 기회를 만들어 내는 데 사교성이 필요하다.

　또한 다양한 스타트업 네트워킹 행사에 가서 사교성을 발휘하면 타 스타트업 홍보 담당자들과 친분을 쌓을 수 있다. 이렇게 네트워크가 쌓이면 협업을 통해 기사를 내거나, 소개 받아야 할 사람이 있을 때 매우 효율적으로 도움을 받을 수 있다.

8. 다양한 시각을 가져야 한다

홍보 담당자는 보도자료, 기획기사, 블로그 등을 위한 다양한 콘텐츠를 계속 만들어내야 하기 때문에 회사와 제품을 다양한 시각으로 바라볼 수 있어야 한다. 회사 및 제품을 요리 보고, 조리 보면서 어떤 앵글을 잡아서 이야기를 해야 할까를 끊임없이 고민해야 한다. 그래서 회사와 제품에 관한 새로운 스토리를 계속 발굴해야 한다.

9. 트렌드에 민감해야 한다

회사와 제품에 관련된 트렌드에 관심을 가지고 지속적으로 공부해야 한다. 우리 회사와 제품에 대한 새로운 스토리를 만들어낼 때 업계 지식이 없으면 아이디어를 떠올리기 어렵다. 우리 회사가 속해있는 산업시장의 흐름을 이해하고 지식을 쌓은 후 이와 관련해서 제품에 대한 이야기를 만들어갈 수 있다.

더불어 디지털 홍보 툴은 계속 새롭게 생기고 있으며, 이러한 툴들을 활용하는 목적과 방법은 각기 다르다. 회사 제품을 효과적으로 홍보할 수 있는 새로운 홍보 툴을 지속적으로 찾아보고 다루는 방법을 익혀야 한다.

10. 글을 간결하게 쓰는 능력이 있어야 한다

홍보는 끊임없이 글을 쓰는 직업이다. 기본적으로는 글을 창의적으로 쓰기보다는 있는 사실을 가지고 보기 쉽게 풀어서 쓰는 것이 핵심이다.

  홍보 담당자는 회사 소개서, 제품 소개서 등 다양한 자료를 정리해서 기자, 기관, 협력업체에 전달해야 한다. 자료의 구성이 엉성하거나 무질서하다면 읽는 사람이 보기 불편할 뿐만 아니라 우리 회사와 제품을 이해하기도 어렵다. 홍보 담당자는 상대가 보기 편하고, 쉽게 이해할 수 있도록 자료를 작성해야 한다. SNS, 블로그에 공감하는 글쓰기, 감동을 주는 글쓰기, 재미를 주는 글쓰기 능력까지 갖추면 금상첨화이다.

11. 해외 업무가 가능할 정도의 영어 말하기, 쓰기 능력이 되어야 한다

대부분의 스타트업은 글로벌 시장 진출을 목표로 하기 때문에 영어를 할 줄 알아야 한다. 해외 기자들에게 보도자료를 배포하거나 질문이 왔을 때 대응해야 하고, 영어 자료 작성을 해야 할 때가 종종 있다.

  더불어 해외 홍보대행사와 함께 일할 때, 내부 자료를 정리해서 전달하고, 콘텐츠 등에 대해 논의하는 부분에서 원어민 수준은 아니더라도 업무를 진행할 수 있는 정도의 영어 커뮤니케이션 실력이 필요하다.

홍보 업무 리스트

카테고리	아이템	내용
언론홍보	홍보 전략	• 홍보 계획 수립 • 키 메시지 구축 • 타깃 미디어, 미디어 관계 전략 • 언론홍보 콘텐츠 발굴 • 홍보 채널 및 프로그램 선택
	일일 모니터링	• 인터넷 검색 통한 기사 모니터링 • 회사, 제품, 동향, 업계 주요 뉴스 및 이슈 기사 정리
	기자 대응 자료 제공	• 기자 요청사항에 따른 자료 작성 및 전달
	보도자료	• 보도자료 작성 및 미디어 배포
	기획기사	• 기획 아이템 및 앵글 발굴 • 기획기사 작성 및 매체 피칭
	칼럼	• 대표 칼럼 주제 발굴, 작성 및 미디어 피칭 • 제품 및 산업 관련 전문가/오피니언 리더 칼럼 피칭
	인터뷰	• 대표 인터뷰 추진 • 사전 미디어 트레이닝
	미디어 리스트업	• 지속적인 미디어 발굴 • 미디어 리스트 업데이트
	프레스 키트	• URL 프레스 키트 작성 • USB 프레스 키트 작성
	기자 관계 구축	• 기자 미팅 진행 • 기자 미팅을 통해 기획기사, 인터뷰 등 추진
	위기 및 이슈 관리	• 발생 가능한 부정적인 이슈 분석 • 이슈 사안별 대응 메시지 개발 • 매체 접촉을 통한 이슈 최소화
	기자간담회	• 기자간담회 기획 및 진행
	IR^{Investor Relationship}	• IPO(주식공개상장) 등 투자자 관련 홍보
사내홍보	뉴스레터	• 사내 뉴스레터 기획 및 제작
	사내 이벤트	• 직원 화합을 위한 프로그램 기획 및 진행

카테고리	아이템	내용
홍보 자료	브로슈어, 리플릿	• 회사, 제품 브로슈어 및 리플릿 기획 및 제작
	동영상	• 회사, 제품 동영상 콘텐츠 기획 및 제작
해외홍보	해외 언론홍보	• 해외 기자 발굴, 홍보 자료 작성 • 해외 홍보 에이전시와 협업 등
	해외 박람회 미디어 행사	• 해외 미디어 행사 준비 및 참여 (예: CES 미디어 이벤트)
	해외 어워드	• 해외 어워드 검색, 신청
	크라우드 펀딩	• 크라우드 펀딩 프로젝트 기획 및 제작
디지털 홍보 마케팅 및 기타 활동	광고	• 구글, 페이스북 등을 통한 온라인 광고 • PPL Products in Placement
	블로그	• 국내 및 해외 블로그 콘텐츠 개발 및 관리
	SNS 관리	• 페이스북, 유튜브, 인스타그램, 링크드인 등 SNS채널 구축, 콘텐츠 기획, 제작, 포스팅 • 피드백 대응 및 관리
	이벤트	• 시즌별, 행사별 제품 관련 프로모션 및 이벤트 기획 및 진행
	뉴스레터	• 고객 뉴스레터 기획, 제작 및 발송
	웹사이트	• 회사 웹사이트 콘텐츠 기획 및 제작
	커뮤니티	• 잠재 고객들이 모인 카페, SNS 등으로 소통
	인플루언서	• 파워 블로거, 인플루언서 발굴 및 컨택

02
홍보 전략 기획

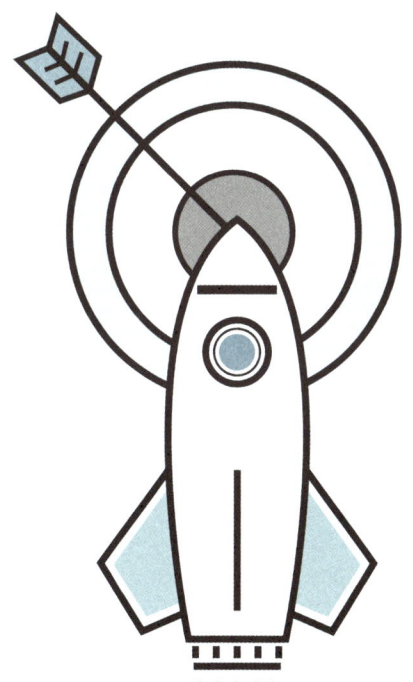

2장 .. 홍보 전략 기획

내부 및 외부 환경 분석

홍보 활동을 진행하기 전, 우리 회사의 비즈니스 목표, 주요 타깃, 제품 특징 등에 대한 정확한 이해가 필요하다. 이와 더불어 외부 환경에 대한 분석을 바탕으로 홍보를 통해 무엇을, 어떻게 달성할 것인지에 대한 계획을 세운다.

이 장에서 이야기할 내부 및 외부 환경 분석은 보통 경영전략팀, 세일즈팀, 마케팅팀 등의 주도하에 이뤄질 수 있기 때문에 홍보팀이 직접 자료를 만들지 않을 수 있지만, 관련 사항은 모두 알고 있어야 한다. 회사 전체 방향과 일치하는 홍보 목표를 세우고, 자료 분석을 통해 홍보 기회를 찾아야 하기 때문이다.

홍보를 위한 내부 및 외부 환경 분석

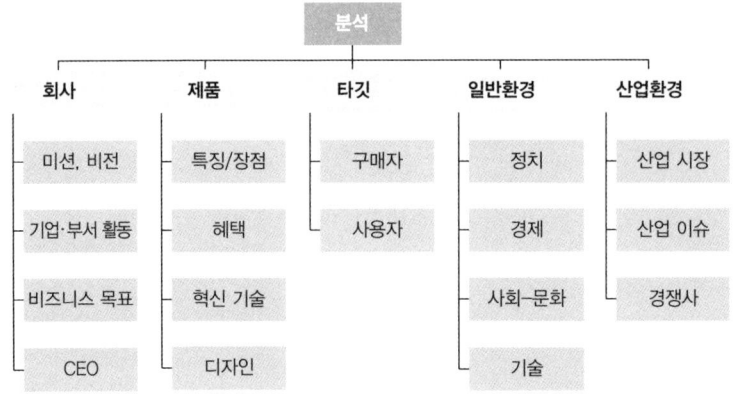

1. 회사

기업 미션 & 비전

경영 전략에서 미션이란 '우리 회사가 존재하는 이유', 비전이란 '우리 회사가 나아가야 할 방향'이다. 홍보 전략은 기본적으로 회사와 제품의 탄생 배경과 회사 전체의 방향으로부터 나오기 때문에 회사 설립 목적과 목표를 정확히 알아야 한다. 만약 이 부분이 명확히 정립되지 않았다면 이를 위해 대표 및 임원들과 지속적인 커뮤니케이션을 통해 구축해 나가야 한다.

기업 및 부서 활동

또한 회사 연혁, 현재 회사 및 부서에서 진행하고 있는 다양한 활동,

향후 사업 계획 등도 대략적으로 파악하고 있어야 시기적절하게 홍보 아이템으로 활용할 수 있다.

비즈니스 목표

신규 사업 진출, 글로벌 비즈니스 강화, 제품 및 서비스 품질 향상, 혁신 기술 개발, 고객 만족도 강화, 친환경 경영 등 지금 시점의 회사 비즈니스 목표를 파악한다. 예를 들어 친환경 경영이 비즈니스 목표라면 회사가 어떻게 친환경적으로 운영되는지, 어떤 친환경 기술과 재료로 제품이 개발되는지, 어느 환경 보호단체를 후원하고 있는지 등을 홍보할 수 있다.

CEO

대표의 창업 스토리, 경영 철학을 듣고 정리한다. 홍보에서 최고 경영자의 이미지를 관리하는 것을 PI(President Identity) 전략이라고 한다. 기업의 CEO는 하나의 브랜드로 인식되며, 그들의 이미지가 회사 전체의 평가를 좌우하기도 한다. 특히 스타트업은 회사에 대한 정보가 아직 많이 없기 때문에 대표의 이미지가 기업 이미지에 많은 영향을 미칠 수 있다.

2. 제품

우리 회사 제품이 어떤 특징, 장점, 기술, 디자인, 공학적 설계 등을 가지고 있는지 공부한다. 특히 제품의 새로운 콘셉트, 혁신적인 기술을 강조해야 하며, 제품의 특징이 소비자에게 주는 이익이 무엇인지에 대해서도 파악한다. 혁신 기술이 중요한 이유는 이미 시장에 나와 있는 기존 제품들과 차별화할 수 있는 포인트이고 새로운 효과를 낼 수 있기 때문이다.

또한 홍보 담당자는 제품 타깃, 작동 방법, 가격, 공급 채널, 국내외 고객들의 제품에 대한 긍정적인 피드백 등 가능하면 제품에 대한 모든 정보를 알아야 한다. 하드웨어라면 디자인이 어떻게 소비자 중심으로 설계됐는지, 앱이라면 UX, UI 등이 얼마나 유저 프렌들리한지 등을 설명할 수 있어야 한다.

3. 타깃

우리 회사 제품을 인구 통계학적 관점(연령, 성별, 소득수준, 직업, 교육 정도, 가족 구성, 인종 등), 지리적 관점(지역, 도시 규모, 인구밀도, 기후 등), 라이프스타일 등으로 분류해 누가 구매하고, 누가 사용하는지를 분석한다.

또한 구매자와 사용자가 동일한 제품도 있지만, 구매자와 사용자가 다른 경우도 있다. 예를 들어 뇌졸중 재활 의료기기의 경우, 병원에서 의사가 제품을 구매하지만, 주 사용자는 치료사와 환자가 된다. 또한 소비자의 구매 패턴, 제품 사용 패턴, 가격 민감성 등도 파악해 홍보 메시지를 만들 때 참고한다.

4. 일반환경

경영전략의 외부 환경 분석 툴인 PEST(Political, Economic, Social, Technological)에서 필요한 부분을 홍보에 적용해 우리 회사 제품과 관련한 이슈 및 트렌드를 도출한다. PEST란 정치적(Political) 환경, 경제적(Economic) 환경, 사회적(Social) 환경 또는 사회-문화적(Socio-cultural) 환경, 그리고 기술적(Technological) 환경을 의미한다. 기업 운영을 위해서는 외부 환경이 뒷받침되어야 하며, PEST 분석을 통해 사업 포지셔닝, 기업이 속해 있는 시장의 기회와 위협 등을 파악할 수 있다. 또한 이러한 분석은 전략적 비즈니스 의사결정, 마케팅 활동의 계획 수립, 제품 개발 및 연구에도 영향을 미친다. 홍보는 외부 환경의 이슈에 따라 직간접적으로 영향을 받기 때문에 이런 분석을 통해 기회 요소와 위기 요소를 파악할 수 있어야 한다.

예를 들어 사회-문화적 외부 환경 요소 중에 '고령화'가 이슈라고 하면, 노인을 위한 의료기기를 만드는 회사는 이를 홍보 포인트로 사용할 수 있다. 또한 정치적 외부 환경 요소에서 정부가 '치매국가책임제' 정책을 통해 치매 요양 병원을 늘리겠다는 발표를 한다면, 치매 진단 및 치료 기기를 만드는 회사에게는 홍보에 더욱 힘을 쏟아야 할 기회라고 볼 수 있다. 만약 부동산 관련 앱을 만드는 회사라면 정부의 부동산 정책 변화를 발 빠르게 캐치해야 할 것이다.

정치적 외부환경 요소에서는 특히 법적인 부분도 꼼꼼히 살펴봐야 한다. 스타트업은 기존 시장에 새로운 기술을 가지고 들어가기 때문에 각 국가별 정책, 정부 규제에 따라 비즈니스 자체가 논란이 되는 경우가 있다. 예를 들어 '우버' 등이 관련 규제 때문에 국내에서 활성화되지 못했고, 에어비앤비도 초기에는 국내에서 불법인지 아닌지에 대해 말들이 많았다. 홍보팀은 유관 부서와 협력해 이 같은 이슈가 언론을 통해 붉어졌을 때 대응할 수 있는 메시지를 준비해 놓아야 한다.

PEST의 구체적 예

정치적 환경	경제적 환경
• 법률, 시행령 변화 • 국제 무역 규제 • 기업 장려 정책 • 노동법 • 세법 • 환경법	• 경제 성장률 • 국내총생산 • 물가상승률 • 실업률 • 이자율 • 환율 • 원자재 가격 및 에너지 가격

사회-문화적 환경	기술적 환경
• 인구의 연령 및 지역적 분포 • 라이프 스타일 변화 • 가치관 변화 • 소비자 구매 패턴 변화 • 출생률 • 평균 수명	• 기술 패러다임의 변화 • 정부 차원의 연구 개발 투자 • 특허 보호 제도 • 신기술 등장 • 혁신 제품 등장

5. 산업환경

산업 시장 및 이슈

회사 제품과 관련하여 현재 국내 및 글로벌 산업 시장의 규모와 이 시장이 얼마나 빠르게 성장하고 있는지, 여기에 얼마나 많은 플레이어들이 존재하고, 우리 회사의 위치, 점유율은 어떻게 되는지 등을 알고 있어야 한다. 또한 관련 산업에서의 새로운 기술 트렌드, 제품의 구매 방식, 소비자가 제품을 사용하는 패턴 등의 변화를 찾아 정리한다.

또한 특정 산업에서는 홍보 마케팅에 제약이 있을 수 있다. 의료기기의 경우에는 국내에서 직접적으로 제품을 소개하는 광고 글, 사용 후기 등의 홍보를 규제하고 있으니 꼭 관련 산업 홍보 가이드라인을 찾아보고 실행해야 한다.

경쟁사

국내 및 해외 경쟁사를 파악한다. 경쟁사의 제품을 공부하고, 우리 회사 및 제품이 그들에 비해 무엇이 더 뛰어난지, 어떤 차별점이 있는지, 왜 우리 제품을 선택해야 하는지, 현재의 경쟁 상황이 어떤지 등 추후 기자가 관련 질문을 하면 답변할 수 있도록 한다.

또한 언론에 나온 기사 등을 통해 경쟁사의 소구 메시지를 분석해, 우리 제품의 홍보 메시지를 만들 때 참고한다.

이와 관련한 정보는 신문, 방송 뉴스, 관련 산업 잡지나 책, 관련 산업 공공기관 정책 보고서, 경제 연구소 보고서, 관련 논문 등을 참고하며 세미나, 포럼, 박람회 참여와 동종 업계 사람들과의 네트워킹 활동을 통해 파악할 수 있다.

홍보 목표 설정

회사 및 제품 인지도 제고, 신제품 런칭 홍보, 특정 이미지로 포지셔닝, 특정 이슈 창출 및 트렌드 유도 등 홍보를 통해 이루고 싶은 목표를 세운다. 만약 내부 및 외부 환경 분석을 통해 회사 비즈니스 목표가 '미국 시장 진출'이라는 것을 알았다면 '미국 시장에서의 회사 및 제품 인지도 향상'이 홍보 목표가 될 수 있다.

무엇보다 스타트업은 창업 초기에 홍보를 통해 가장 기본적으로 '무엇을 만드는 회사'라는 구체적인 이미지를 구축하는 것을 목표로 잡을 수 있다. 예를 들어 '돈을 무료로 송금하는 앱을 만드는 회사', '원룸을 구할 수 있는 부동산 앱을 만드는 회사', '숙박을 공유하는 앱을 만드는 회사', '뇌졸중 재활기기를 만드는 회사', '음식 배달 앱을 만드는 회사' 등 그 스타트업만의 이미지를 정립해야 한다. '무엇을 하는 회사'라는 정의가 없으면, 그 스타트업을 다른 사람에게 설명하기 애매하고, 추후에 우리 제품과 서비스가 필요하더라도 쉽게 머릿속에 떠올리기 어렵기 때문이다.

또한 기자와의 관계 구축 및 확대를 목표로 잡아, 어떤 매체를 만나 어떤 이야기를 나눌 것이며, 주 몇 회 미팅을 진행하겠다 등의 구체적인 실행 방안도 계획한다.

더불어 월, 분기, 연 단위의 목표를 세우기 위해 회사 내 홍보 아이템을 지속적으로 발굴하며, 아이디어를 고민하는 시간이 필요하다. 가능하다면 각 시기별로 홍보 목표와 아이템을 캘린더로 미리 정리해놓는다. 이렇게 계획을 세워놓더라도, 다른 중요한 이슈가 생겨 다른 아이템으로 홍보할 수도 있기 때문에 그때마다 상황에 맞게 실제로 실행하면서 첨가하거나 빼면 된다.

의료기기 1년 홍보 캘린더 만들기 예시

월	시즌 관련 홍보 아이템	홍보 활동
1월	· CES 참여 · 지난해 매출 성과 결산 · 신년 계획 및 목표 · 비전 메시지 기획	· 해외 언론 컨택 · 국내 언론 컨택 · 보도자료, 기획기사 · 대표 인터뷰
2월	· 신제품 런칭	· 보도자료 · 대표 인터뷰
3월	· 지속적 신제품 이슈화	· 기획기사 · 대표 인터뷰
4월	· 지속적 신제품 이슈화	· 보도자료, 기획기사 · 대표 인터뷰
5월	· 어린이날, 어버이날, 스승의 날 등 가정의 달 관련 아이템	· 뇌졸중 환자, 보호자 등과 관련한 가족 관련 기획기사
6월	· 회사 관련 이슈	· 보도자료
7월	· 매출 성과 중간 결산	· 보도자료 · 대표 인터뷰
8월	· 크라우드 펀딩 캠페인 런칭	· 크라우드 펀딩 페이지 오픈 · 보도자료 · SNS 광고
9월	· 알츠하이머의 날 관련 아이템	· 치매 재활 제품 소개 기획기사
10월	· 세계 뇌졸중의 날 관련 아이템	· 뇌졸중 재활 제품 소개 기획기사

월	시즌 관련 홍보 아이템	홍보 활동
11월	• CES 혁신 어워드	• 어워드 신청 • (어워드 수상 시) 보도자료 • SNS 콘텐츠 제작
12월	• CES 참여 준비	• 보도자료 • 해외 미디어 이벤트 참여 준비

홍보 메시지 구축

우리 회사와 제품을 분석한다면, 다양한 키워드가 나올 것이다. 그 중에서 어떤 키워드를 사용해서 홍보하는 것이 가장 회사와 제품을 명확하게 전달할 수 있을까를 고민한다. '우리 회사는 무엇을 하는 회사이다.', '우리 제품은 이럴 때 필요한 제품이다.', '우리 제품은 이런 목적으로 이런 사람들을 위해 만들어졌다.' 등이 그것이다. 또한 시기별, 시즌별, 트렌드별로 그 키워드를 달리해서 그에 맞는 메시지를 만들어야 한다.

1. 키워드

위에서 진행한 내부 및 외부 환경 분석을 바탕으로 키워드를 뽑아낸다. 예를 들어 디지털 재활 의료기기 회사의 키워드를 회사 및 제품의 특징, 즉 내부 환경 분석에서 찾는다면 '뇌졸중', '인공지능', '재활기기', '재활훈련' 등을 뽑을 수 있고, 외부 환경 분석에서 찾는다면 '고령화' 등을 뽑을 수 있다. 이러한 키워드를 조합해 홍보를 통해 강조하고 싶은 핵심 메시지를 만들어낸다.

또한 구글 트렌드Google Trend, 트윈워드Twinword, 셈러쉬SemRush 등 다양한 키워드 검색 툴을 사용해 회사 및 제품에 맞는 키워드 검색량, 연관 검색어, 관련 트렌드 검색어 등을 찾아볼 수 있다.

2. 타깃

앞서 이야기했듯 실제 구매자, 구매에 영향을 미치는 사람, 실제 사용자 등이 같을 수도 있고, 다를 수도 있다. 예를 들어 건강 보조제 같은 경우에는 자신이 직접 사서 먹을 수도 있지만, 자녀 등 가족이 선물하는 경우도 많을 수 있기 때문에 각 타깃별로 강조해야 할 메시지가 다를 수 있다. 누구에게 메시지를 전달하느냐에 따라 포인트를 달리한다.

또한 회사 내부에서 임직원을 대상으로 홍보하는 경우도 있다. 내부 직원에게 회사가 어떤 매체에 어떤 스토리로 기사화됐다는 부분을 알려주거나, 해외에서 상을 수상한 것, 투자 유치를 받은 것 등 회사에 대한 자부심이 생길 수 있는 내용으로 구성해 홍보할 수 있다.

홍보 채널 및 프로그램 선택

아직까지 홍보팀의 메인 업무는 언론홍보이다. 스타트업은 신문, 방송, 잡지, 온라인 매체 등의 언론 기사화를 통해 큰 홍보 효과를 볼 수 있고, 심지어 비용이 들지 않기 때문에 언론홍보를 열심히 할 것을 추천한다. 물론 기사화까지 되는 데 홍보 담당자의 많은 노력이 필요하지만 기사 자체는 비용이 들지 않는다는 이야기다(홍보 담당자의 노력에 대한 언급을 계속할 텐데 그 이유는 기사는 운이 좋아서 그냥 쉽게 나온다고 생각하는 사람들이 많기 때문이다).

매체는 일간지, 경제지, 지방지, 주간지 등이 있으며 매체 속성과 산업, IT, 벤처 등의 지면에 맞게 우리 이야기를 피칭하면 된다. 또한 해외 사업을 하고 있다면 그 나라의 언론 매체를 파악해야 한다.

방송도 마찬가지다. 예를 들어 스타트업을 시리즈로 소개하는 방송이 있으면 프로그램 작가에게 연락해 우리 회사 소개를 제안할 수 있다. 필자가 근무했던 스타트업도 벤처 기업들을 소개하는 방송 프로그램과 새로운 의료기기 기술을 소개하는 뉴스 및 다큐멘터리 등에 나온 적이 있다. 우리 회사와 제품에 맞는 방송 프로그램을 조사하고, 작가에게 회사 및 제품을 소개해보자.

각 분야에 특화된 잡지, 예를 들어 패션 전문 잡지, 의료 전문 잡지, IT 전문 잡지 등을 파악해 우리 회사 산업 및 제품과 맞는 매체를 찾으면, 타깃에 더 최적화된 홍보 활동을 할 수 있다.

또한 페이스북, 인스타그램, 유튜브, 블로그 등 다양한 홍보 채널이 생기고 있다. 홍보 담당자는 채널에 대한 분석을 통해 우리 회사와 제품을 가장 효과적으로 알릴 수 있는 포맷과 툴을 선택한다. 홍보 담당자는 '언론을 홍보하는 사람'을 넘어 '콘텐츠 크리에이터'로 진화해 다양한 역할을 수행하기도 한다.

사실 어떤 채널, 프로그램을 이용하느냐에 따라서 글을 쓰는 형식, 풀어내는 방식은 다를 수 있지만, 우리가 말하고자 하는 핵심 메시지는 같다. 또한 모든 커뮤니케이션 채널에 다양한 콘텐츠를 올리며 열정적으로 관리하면 좋겠지만 홍보팀이 1명인 스타트업에서는 현실적으로 불가능하기 때문에 한두 가지 채널에 대한 선택과 집중도 필요하다.

홍보 효과 측정

모든 부서에는 핵심 성과 지표라고 불리는 KPI$^{Key\ Performance\ Indicator}$가 존재한다. 업무 목표를 설정한 뒤, 목표의 달성 여부 등의 성과를 측정하는 지표이다. 사실 언론홍보 업무는 성과를 객관적으로 측정하기가 쉽지 않다. 예를 들어 '언론홍보 활동을 통해 제품 인지도 몇 퍼센트가 상승했다.'라는 결과 등을 확인하기 어렵기 때문에 열심히 하고도 성과를 인정받지 못하는 경우도 있다.

하지만 다음과 같이 몇 가지 측정 기준을 잡아 리포트를 작성하고, 홍보 성과를 어필할 수 있다. 모든 기준을 다 적용하기보다, 자신의 업무 방향과 성과를 잘 나타내는 지표 몇 가지를 선정한다. 또한 정기적인 리포트를 통해 홍보 활동을 수정하고 보완해간다.

1. 전체 기사 수

한 달 동안 신문 지면 기사, 온라인 기사, 잡지, 방송 등 우리 회사가 나온 전체 커버리지 수를 파악한다. 기본적으로 기사량이 많을수록 성과가 좋다고 생각하면 된다. 또한 전체 커버리지 수를 파악할 때 일간지, 경제지, 온라인 매체, 전문 매체 등 어디에 나왔는지 비율을 나눠볼 수 있고, 보도자료, 기획기사, 인터뷰 등 기사 형태로 분류할 수 있다.

이런 분석을 통해 분기별로 어떤 매체에서 기사가 많이 나왔고, 적게 나왔는지, 어떤 형태의 기사를 많이 피칭했는지를 파악한다. 보고서는 지금 우리가 무엇을 잘하고 있고, 이후 홍보 계획을 세울 때 앞으로 어디에 더 집중하면서 일을 할지, 부족한 부분을 어떻게 개선할지 등을 논의할 수 있는 자료가 되기도 한다.

2. 기사의 앵글과 톤

회사와 제품 소개가 우리가 원하는 메시지 방향대로 실렸는지 분석해 홍보 활동을 평가한다. 또한 기사의 톤도 긍정적인지, 중립적인지, 부정적인지 살펴본다. 기사가 많이 나왔더라도 부정적 기사가 많으면 성과가 좋다고 보기 어렵기 때문이다.

3. 대표 인터뷰 기사 수와 핵심 메시지

대표 인터뷰를 기자에게 제안하고 기사로 나온 개수, 인터뷰를 통해 어떤 내용이 부각되었는지, 어떤 매체에 대표 인터뷰를 제안했는지 등을 확인한다. 또한 '대표 창업 스토리', '현재 회사에서 부각하고자 하는 이슈' 등이 인터뷰를 통해 잘 드러났는지도 확인한다.

4. 유명 매체 커버리지

기사 수가 많지 않더라도 유명 매체 미디어에 회사와 제품이 원하던 앵글로 기사화됐다면 이 역시 큰 성과라고 할 수 있다. 국내는 구독자 수로 봤을 때 조선일보, 중앙일보, 동아일보를 포함한 중앙일간지 및 중앙경제지에 나오는 경우가 큰 성과라 할 수 있다.

    미국 매체의 경우 CNN, The New York Times, FOX News, TIME, ABC News, Forbes, VentureBeat, The Verge, WIRED, Tech Crunch, Mashable, Cnet 등을 예로 들 수 있다. 구독자 수가 많고, 권위가 있는 전문 매체인 만큼 많은 사람이 우리 회사에 대한 기사를 접할 수 있고 신뢰할 수 있기 때문이다. 구글에 'Top US Media' 혹은 'Top US Tech Media'로 검색하면 영향력 있는 미국 미디어 리스트를 볼 수 있다.

5. 기획기사 수

기획기사는 모든 기자에게 배포되는 보도자료와 달리 홍보 담당자가 건별로 기획해서 기자 한 명에게 피칭하는 자료다. 얼마나 열심히 앵글을 고민하고 작성했으며, 어느 기자에게 컨택했는지에 따라 기사의 내용과 기사 커버리지 수가 달라질 수 있다. 홍보 담당자는 기획기사를 한 달에 몇 건을 기획하고, 피칭하겠다는 목표를 세우고 달성할 수 있다.

6. SNS(페이스북, 인스타그램, 트위터 등) 좋아요 및 공유 수

회사에서 운영하는 계정의 홍보 콘텐츠의 좋아요와 공유 수를 파악한다. 더불어 미국의 경우 기사가 나오면 각 미디어에서 운영하고 있는 소셜 미디어 계정에도 함께 기사가 올라가며, 이런 포스팅에 대한 조회 수, 공유 수를 보고 성과를 측정할 수 있다. 또한 그 기사를 쓴 미국 기자가 트위터 등 자신의 SNS계정에 본인이 쓴 기사를 공유하는 경우도 있기 때문에 함께 찾아 그 수를 파악한다.

7. 미디어 기자 발굴 및 기자 미팅

한 달 동안 어떤 새로운 미디어와 기자를 발굴했는지를 파악한다. 홍보 담당자는 지속적으로 우리 회사와 제품의 이야기를 소개할 수 있는 미디어를 찾고, 관계를 구축하는 작업을 해야 한다. 또한 기자 미팅을 한 달 동안 몇 번 했는지 등을 평가 항목에 넣을 수 있다.

8. 기사를 통한 구매 문의 수

기사화가 됐을 때, 제품에 대한 구매 문의가 증가했다면 간접적으로 성과를 유추해 볼 수 있다. 또한 구매 문의가 왔을 때 어떤 경로를 통해 제품을 알게 됐는지 물어보고, 기사를 통해 연락했다고 하면 홍보 활동의 효과라고 볼 수 있다.

내부 및 외부 상황 분석	홍보 전략
• 내부 홍보 포인트 파악 • 트렌드 및 이슈 파악 • 경쟁 환경 파악 • 시사점, 문제점 및 쟁점 도출	• 홍보 목표 설정 • 핵심 메시지 구축 • 홍보 채널 및 프로그램 선택

실행	평가
• 실행 타임라인 계획 • 예산 수립 • 실행	• 홍보 효과 측정 • 수정 및 보완

홍보 업무 과정

스타트업 홍보 전략 기획서 구성 예시

1. **내부 및 외부 환경 분석**
   - 우리 회사, 제품 특징, 강점, 혁신성 분석
   - 회사 비즈니스 목표
   - 목표 타깃 분석
   - 관련 산업 분야 PEST 분석(정치적, 경제적, 사회-문화적, 기술적 환경 분석)
   - 경쟁사 제품 메시지 분석
   - 주요 시사점 도출

2. **홍보 목표 설정**

3. **홍보 메시지 구축**
   - 회사 및 제품 관련 키워드 설정
   - 핵심 메시지 구축

4. **홍보 채널 및 프로그램 선택**
   1) 언론홍보
      - 보도자료
      - 일간지 기획기사 앵글 1
      - 전문지 기획기사 앵글 2
      - 경제지 대표 인터뷰
   2) 블로그
      - 콘텐츠 1
      - 콘텐츠 2
   3) 해외 박람회 참여
   4) 기자 간담회 진행

5. **실행 타임라인 및 예산**
   - 사실 예산을 미리 짜놓으면 좋지만, 스타트업에서 일하다 보면 상황에 맞춰, 그때그때 유연하게 비용을 처리하는 경우가 많다.

03
기사 작성하는 방법

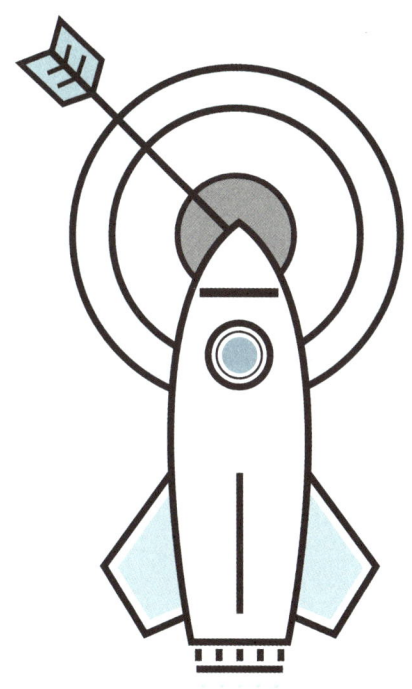

3장 .. 기사 작성하는 방법

보도자료

보도자료 작성은 언론홍보에서 가장 기본이 되는 업무이다. 보도자료는 객관적 사실을 이야기의 흐름과 형식에 맞게 배열하는 기술적 글쓰기이기 때문에, 많이 써보는 훈련을 열심히 하면 누구나 쉽게 작성할 수 있다. 이 기회를 통해 보도자료란 무엇인지에 대해 이해하고, 보도자료를 어떻게 쓰고 배포하는지를 익혀서 바로 실무에 적용해보도록 하자.

1. 보도자료란

홍보 담당자는 알릴 만한 회사 소식(신제품 출시 등)이 있거나, 자랑할 만한 뉴스(국내외 수상 등)가 있을 때 보도자료를 작성해서 기자에게 배포한다.

그래서 홍보 담당자는 누구보다 빨리 회사에서 어떤 일들이 일어나는지 알아야 한다. 홍보를 하려면 소위 '홍보 아이템', '홍보 소재', '홍보 거리'가 있어야 하는데, 그 내용은 전체적인 회사 경영 계획과 운영, 제품 개발 계획과 과정, 타 부서의 활동에서 나오는 경우가 많기 때문이다.

보도자료는 회사 및 제품 관련 이벤트가 일어난 시점에 써서 배포한다. 만약 우리 회사가 어떤 상을 수상했는데, 이 내용을 몇 개월 뒤에 쓴다면 시기에 맞지 않는 것이다. 그 상을 받은 날, 혹은 그다음날까지 보도자료를 릴리즈해 기사화한다.

- 신제품 출시
- 신사업 런칭
- 해외 지사 설립, 해외 진출
- 발표할 만한 매출 및 주요 성과
- 엔젤 투자, VC$^{Venture\ Capital}$(벤처 캐피탈) 등 투자 유치
- 제품 관련 연구 및 논문 결과 발표
- 국내 및 해외 어워드 수상
- 타 회사와의 MOU 제휴, 협력 사업
- 고객 감사 행사, 프로모션 행사
- CSR$^{Corporate\ Social\ Responsibility}$(기업의 사회적 책임 활동) 등

보도자료 아이템

홍보 담당자가 보도자료를 시기에 맞게 작성해서 배포하려면 회사에서 진행되는 일들을 잘 알고 있어야 한다. 그래야지만 어떤 이벤트가 발생할 때 시기에 맞게 그 부분과 관련해서 보도자료를 준비해놓을 수 있다. 이를 위해서 홍보 담당자는 대표 및 타 부서 팀장과 정기적으로 소통하며 신제품이 언제쯤 나오는지, 기사로 내보낼 만한 이벤트가 언제쯤 발생할 예정인지 등에 대해 미리 파악해야 한다.

당연한 이야기라고 생각할 수 있지만 스타트업은 업무 시스템을 제대로 갖추고 있지 않거나, 홍보 업무 프로세스에 대한 이해가 부족한 곳이 많다. 또한 스타트업은 장기적인 계획하에 일이 이뤄지기보다는 상황에 맞게 유연하게 진행되는 일들이 많이 발생하기 때문이다.

혹은 어떤 부서에서는 홍보의 필요성을 느끼지 못하거나, 홍보거리가 될 수 있는 것을 홍보 아이템으로 생각하지 않을 수 있는데, 이같은 경우에 홍보 담당자가 물어보지 않는 이상 굳이 먼저 알려주지 않는다. 이처럼 회사 내에서 일어나는 일들을 미리 알기 어려울 수 있기 때문에 홍보 담당자가 먼저 적극적으로 홍보 아이템을 알아보고, 스케줄을 관리해야 한다.

더불어 홍보 담당자는 홍보 아이템에 대해 모든 내용을 세세히 알기 어려울 수 있다. 그렇기 때문에 보도자료를 작성할 때, 관련 내용을 구체적으로 알고 있는 다른 부서와도 협력하며 일해야 한다.

이러한 내용에 대해 설명해줄 수 있는 다른 부서 담당자에 협조를 구하고, 보도자료에 들어갈 만한 내용에 대해 미리 질문지를 만들어

질문지 예시

1. **신제품 런칭 관련 보도자료를 쓰기 전, 기본적 내용 파악을 위한 질문**
   1) 제품 이름과 그것의 뜻
   2) 제품 런칭 날짜
   3) 제품 타깃: 이 제품을 누가 쓰는지
   4) 제품 용도: 이 제품이 필요한 이유와 쓰임새
   5) 제품의 혜택: 소비자가 이 제품으로 받을 수 있는 혜택
   6) 제품 설계 및 디자인: 이 제품의 설계 및 디자인 특징 및 장점
   7) 제품의 차별성: 경쟁사 제품과 비교해서 좋은 점
   8) 제품 사용 방법
   9) 제품 판매처, 구매 방법

2. **제품 효과에 대한 연구 논문 발표 보도자료를 쓰기 전, 기본적인 내용 파악을 위한 질문**
   1) 논문 이름
   2) 논문 레벨
   3) 논문 발표 시점
   4) 어떤 제품으로 어떤 효과를 위한 연구를 했는지
   5) 연구 과정
   6) 연구 결과
   7) 연구 의의

직접 만나거나, 이메일을 통해 답변을 받는다. 이후 정보가 취합이 되면 보도자료를 작성하는데, 추후 기자들이 질문할 수 있는 내용까지 커버할 수 있도록 구체적인 질문지를 만들고 그에 대한 답변을 적어놓는 것이 필요하다. 이렇게 만들어진 자료는 필요할 때 언제든 가공해서 콘텐츠로 만들 수 있는 좋은 기초 재료가 된다.

보도자료 준비

1. 회사 및 제품 관련 이벤트를 최소 3개월 단위로 알아둔다.
2. 보도자료를 준비할 때 어떤 내용이 들어가야 하는지 먼저 질문지를 작성한다. 예를 들어 신제품에 대한 보도자료라면 기능, 디자인, 혜택 등에 대한 부분을 포함한다.
3. 내용에 대해 모든 정보를 가지고 있지 않다면 질문지를 통해 내용 관련 타 부서의 협조 및 답변을 요청한다. 홍보 담당자는 타 부서의 협력이 필요한 경우가 많기 때문에 관계를 잘 맺어놓는 것도 중요하다.
4. 보도자료는 써야 할 내용을 파악했다는 가정하에 작성하는 방법을 알고, 숙달이 되면 보통 1~2시간 내에 작성이 가능하다. 하지만 리뷰, 수정, 컨펌 시간도 배포 시기에 맞춰 고려해야 한다. 홍보 담당자가 일찍 자료를 작성했더라도 내부 컨펌 시간이 오래 걸릴 수 있다. 상사가 외근을 나가 있어 메일을 보냈는데 답변이 없어 다음날 전화로 확인해 보니 "바빠서 보지 못했다."라고 이야기할 수 있다. 상사가 자리에 없으면 이메일을 보낸 후, 전화 혹은 문자로 컨펌 요청을 다시 한 번 확인한다.

2. 보도자료 작성하는 방법

보도자료는 제목, 본문, 보일러 플레이트(간단한 회사 소개), 홍보 담당자 연락처로 구성되어 있다.

1. 제목
2. 본문 약 4~5문단
   - 리드 1문단
   - 본문 내용 2~3문단
   - 인용구 1문단
3. 보일러 플레이트
4. 홍보 담당자 연락처

보도자료의 구성

① **제목**

홍보 담당자가 우리 회사와 제품에 대해 '무엇'을 알릴 것인지가 바로 제목이 된다. 보도자료를 쓸 때는 가장 중심이 되는 메시지인 제목을 적어보고 완성 전에 수정한다. 처음부터 완벽한 제목일 필요는 없으며, 본문을 완료한 다음에 마지막에 고치면 된다.

또한 '제곧내(제목이 곧 내용)'여야 한다. 즉, 제목만 보고 내용을 알 수 있도록 작성해야 한다는 뜻이다. 그리고 제목에는 회사 및 제품과 관련된 중요한 키워드를 넣어 소비자가 검색했을 때 그 기사가 상단에 뜰 수 있도록 한다. 다음 예시에서 보면 '오십견', '뇌졸중' 이런 단어들이 키워드가 될 수 있다.

보도자료 제목 예시

- ABC사, 오십견 환자 위한 어깨 건강 운동 앱 출시
- ABC사, 뇌졸중 재활훈련 제품으로 CES 혁신상 수상
- ABC사, DEF사와 인공지능 기술 협력 위한 MOU 체결
- ABC사, 2분기 매출 50억 원 달성, 200% 성장해

제목은 본문 10폰트보다 큰 11~12폰트로 작성하고 가운데 정렬해준다. 제목은 1줄로 작성한다. 제목 아래에 부제목은 넣어도 되고 안 넣어도 되는데, 핵심 메시지를 강조하고 싶다면 보도자료를 모두 완성한 후에 두 줄 정도 본문에서 뽑아서 적어준다.

ABC사, 오십견 환자 위한 어깨 건강 운동 앱 출시

- 한 줄 부제목 1
- 한 줄 부제목 2

[여기서부터는 보도자료 본문 쓰기]

② **본문 약 4~5문단**

- **리드 1문단**

리드 문단이란 전체 보도자료의 내용을 대표하는 문단으로 육하원칙에 따라 2~3줄로 압축해서 쓰면 된다.

- 누가: ABC사가
- 언제: 2020년 10월 12일에
- 어디서: 구글 플레이, 애플 앱스토어에서
- 무엇을: 어깨 운동 앱을
- 어떻게: 출시했다.
- 왜: 오십견 환자를 위해

헬스케어 스타트업 ABC사는 어깨 통증을 가진 오십견 환자들을 위한 '어깨 운동 앱'을 출시했다고 22일 밝혔다. 이 앱은 어깨 관절막의 경직 현상으로 정형외과를 찾는 오십견 환자들이 가정 내에서도 의료 전문가 없이 스스로 운동할 수 있도록 도움을 줄 수 있다.

(이 보도자료에는 22일 밝혔다고 쓰고, 22일 오전에 배포했다. 보도자료는 당월에 일어난 일을 자료로 내보내는 게 대부분이기 때문에 연, 월은 쓰지 않는다. 또한 리드 문단에는 한 문장을 써도 되지만, 추가적으로 제품에 대한 간단한 설명구를 넣을 수 있다면 한 줄 더 적어준다.)

• **본문 2~3문단**(무엇을, 어떻게, 왜에 대한 구체적인 설명)

그리고 본문 2~3문단을 작성한다. 본문 2~3문단에서는 리드 문단을 더욱 구체적으로 설명해준다고 생각하면 쉽다. 사람들은 '이런 신제품이 출시됐다.'는 이야기를 들으면, 그 제품이 무엇을 하는 제품이고, 어떻게 사용할 수 있으며, 어떤 점이 좋은지 등을 궁금해할 것이다. 이러한 구체적인 부분을 2~3문단에 걸쳐 설명한다.

본문 2~3문단 구성

1. 무엇을, 어떻게
[이번에 출시한 신제품은 무엇을 위한 제품인지, 어떻게 작동하는지에 대해 설명한다.]

이 운동 앱은 환자가 누워서 어깨운동을 할 수 있는 3가지 동작을 제공한다. 동작 선택 후 운동을 시작하면, 앱은 사용자 어깨의 최대 움직임 각도를 5초 동안 측정한다. 여기서 측정된 각도는 운동 시 목표 각도가 되고 사용자는 목표 각도까지 어깨를 움직인 후 설정한 시간(30초~70초) 동안 자세를 유지하여 운동을 진행하게 된다. 운동 횟수는 사용자의 어깨 상태에 따라 1회부터 20회까지 자유롭게 조정이 가능하다.

2. 왜, 어디서

[제품의 장점, 유저 혜택 등 왜 이 제품을 쓰면 좋은지에 대한 객관적인 사실을 기술한다. 어디서 구매할 수 있는지도 알려준다.]

이 앱은 사용자의 운동 횟수, 운동 참여 일수, 평균 측정각, 최대 측정각 등의 데이터를 기록하고, 일별, 주별, 월별로 운동에 대한 결과 추이를 한눈에 보여준다. 또한 최초 측정 기록을 최근 운동 기록과 비교하여 어깨 기능 향상도를 한눈에 확인할 수 있도록 제시한다. 사용자 인터페이스 측면에서는 높은 연령대의 사용성을 고려한 직관적인 그래픽 디자인을 제공하고, 음성 가이드, 진동 인터랙션 기능을 탑재해 스마트폰 화면을 보지 않고 운동을 진행할 수 있도록 개발됐다. 이 앱은 구글 플레이에서 다운로드 가능하다.

3. 의견

[보도자료 마지막은 대부분 대표의 인용구로 의견을 넣어 끝을 맺는다. 보도자료의 다른 부분은 다 사실이지만, 의견을 쓰고 싶다면 인용구에 넣으면 된다. 대표의 말을 인용하면서 보도자료 내용 전반에 대한 대표의 생각, 향후 계획 등을 넣는다.]

ABC사 홍길동 대표는 "어깨 운동 앱은 환자 스스로 운동을 통해 어깨 운동 범위를 회복시켜줌으로써, 염증으로 굳어진 관절막을 늘여주고 통증을 완화하는 데 도움을 줄 것이다."라며 "어깨 건강 앱은 어깨 질환 환자뿐만 아니라 일반인이 어깨 경직을 예방하는 데도 도움이 된다."고 말했다.

[보통 1개의 대표 인용구를 넣고 마무리가 되지만 혹시 그 제품에 대해, 그 회사에 대해, 그 사건에 대해 말해줄 수 있는 권위자 혹은 관계자의 코멘트가 있다면 인용한다. 보도자료에 힘을 실어주는 내용이라면 꼭 넣는다.]

앱을 공동 개발한 한국 병원 이몽룡 교수는 "어깨 건강 운동 앱을 통해 환자가 집에서 스스로 운동을 할 수 있고, 모니터링이 가능하다."며 "이 앱은 IT기술을 통해 병원과 환자 사이의 장벽을 허물어주는 획기적인 서비스로, 의료진은 더욱 효율적으로 환자의 상태를 관리하고 진료할 수 있게 됐다."고 설명했다.

한마디로 신제품 출시 보도자료는 우리가 이런 제품을 출시했는데, 이 제품은 이런 기능을 가지고 있고, 이렇게 사용하는 것이며, 소비자는 이런 혜택을 받을 수 있는 제품이라고 설명하는 내용으로 구성되어 있다고 생각하면 된다.

또 다른 예시로 어떤 상을 수상했다고 하면 우리의 어떤 제품이 상을 받았는지, 그 상은 어떤 상이고, 어떤 기준으로 선발하며, 제품의 어떤 특징과 장점을 인정받아 수상하게 됐다고 풀어써주면 된다.

중요한 점은 보도자료는 광고가 아니기 때문에 불필요한 수식어는 쓰면 안 된다는 점이다. 수식하고 싶은 형용사가 많더라도 절제하고 사실 위주로 간결하게 써야 한다. 보도자료를 작성할 때 지금 우리가 내놓는 신제품이 세계 최고라고 쓰면 이는 객관적인 근거가 있는 것인가? 이것이 사실일까? 의견일까? 보도자료는 의견을 쓰는 것이 아니라 사실을 쓰는 것이다. 필자가 듣기로 '어느 눈 내리는 밤에' 등으로 보도자료를 시작하는 경우도 있다고 한다. 보도자료는 소설이 아니다.

③ 보일러 플레이트

본문이 끝나고 한 줄 긋고 위의 내용과 분리한 뒤 4~5줄로 설명하는 회사소개이다. 회사 설립 시기, 제품, 서비스, 본사 및 지사 소재지, 회사의 비전과 가치를 요약해서 설명하는 글이다. 또한 자랑거리, 매출액, 성장률, 수상 실적, 해외 실적 등이 있으면 포함시킨다.

④ 홍보담당자 연락처

홍보 담당자의 이름, 직책, 이메일, 핸드폰 번호를 적는다. 기자들이 보도자료를 받고 팔로업 취재를 위한 다양한 질문이 있을 때, 담당자 핸드폰으로 바로 연결해 추가 취재를 하게 된다.

　기자들은 마감 시간이 있기 때문에 신속하게 일하는 리듬을 가지고 있으며, 홍보 담당자 역시 그에 맞는 속도로 대응을 해야 한다. 만약 홍보 담당자 연락처를 적어놓지 않거나, 대응이 느리다면 기사가 나가지 않을 수도 있다. 일은 다 해놓고 이 얼마나 안타까운 상황인가.

보도자료 작성

- 제목에 핵심 키워드를 넣는다.
- 본문에도 핵심 키워드를 2~3번 더 넣어준다.
- 그래도 보도자료 내용을 어떻게 써야 할지 모르겠다면 쓰고자 하는 보도자료의 주제 관련 단어를 검색한다. 예를 들어 '핸드폰 신제품 출시' 보도자료라면 '갤럭시 출시', '아이폰 출시' 등을 검색해 찾은 기사에 우리 회사와 제품의 이름을 넣는 등 단어만 치환해서 써보는 연습을 한다.
- 맞춤법 검사를 한다.

완성된 보도자료 예시

[회사 로고 삽입]
ABC사

ABC사, 오십견 환자 위해 어깨 통증 완화하는 '어깨 운동 앱' 출시

- 혼자 앱을 통해 집에서도 어깨 운동 가능, 기록하며 운동 과정 모니터링
- 한국대 병원 정형외과 의료진과 공동 개발, 효율적인 환자 진료의 길 열려

[제품 사진 삽입]

헬스케어 스타트업 ABC사는 어깨 통증을 가진 오십견 환자들을 위한 '어깨 운동 앱'을 출시했다고 22일 밝혔다. 이 앱은 어깨 관절막의 경직 현상으로 정형외과를 찾는 오십견 환자들이 가정 내에서도 의료 전문가 없이 스스로 운동할 수 있도록 도움을 줄 수 있다.

운동 앱은 사용자가 누워서 어깨 운동을 할 수 있는 3가지 동작을 제공한다. 동작 선택 후 운동을 시작하면, 앱은 사용자 어깨의 최대 움직임 각도를 5초 동안 측정한다. 여기서 측정된 각도는 운동 시 목표 각도가 되고 사용자는 목표 각도까지 어깨를 움직인 후 설정한 시간(30초~70초) 동안 자세를 유지하여 운동을 진행하게 된다. 운동 횟수는 사용자의 어깨 상태에 따라 1회부터 20회까지 자유롭게 조정이 가능하다.

이 앱은 사용자의 운동 횟수, 운동 참여 일수, 평균 측정각, 최대 측정각 등의 데

이터를 기록하고, 일별, 주별, 월별로 운동에 대한 결과 추이를 한눈에 보여준다. 또한 최초 측정기록을 최근 운동 기록과 비교하여 어깨 기능 향상도를 한눈에 확인할 수 있도록 제시한다. 사용자 인터페이스 측면에서는 높은 연령대의 사용성을 고려한 직관적인 그래픽 디자인을 제공하고, 음성 가이드, 진동 인터랙션 기능을 탑재해 스마트폰 화면을 보지 않아도 사용자가 운동을 진행할 수 있도록 개발됐다. 이 앱은 구글 플레이에서 다운로드 가능하다.

ABC사 홍길동 대표는 "어깨 운동 앱은 환자 스스로 운동을 통해 어깨 운동 범위를 회복시켜줌으로써, 염증으로 굳어진 관절막을 늘여주고 통증을 완화하는 데 도움을 줄 것이다."라며 "어깨 건강 앱은 어깨 질환 환자뿐만 아니라 일반인이 어깨 경직을 예방하는 데도 도움이 된다."고 말했다.

앱을 공동 개발한 한국대학교 병원 이몽룡 교수는 "어깨 건강 운동 앱을 통해 환자가 집에서 스스로 운동을 할 수 있고, 모니터링이 가능하다."며 "이 앱은 IT기술을 통해 병원과 환자 사이의 장벽을 허물어주는 획기적인 서비스로, 의료진은 더욱 효율적으로 환자의 상태를 관리하고 진료할 수 있게 됐다."고 설명했다.

ABC사 소개

2015년에 설립된 ABC사는 인공지능, IoT 등 4차산업 기술을 융합해 뇌졸중 환자 재활을 위한 디지털 건강 솔루션을 개발하고 있다. 고객들은 솔루션에 탑재된 게임을 통해 재활 운동이 가능하며, 운동 후 인공지능으로 분석된 객관적인 데이터를 바탕으로 원격상담을 받을 수 있다. ABC사는 스마트 건강 솔루션으로 CES 2017 혁신상, CES 2018 혁신상을 2년 연속 수상하며 세계적으로 기술력을 인정받은 바 있다. 또한 2019년, 미국과 유럽에 지사 설립 후 매출 100억을 달성하며 글로벌 시장 진출에 박차를 가하고 있다.

Contact
PR manager xxx 차장
abc@def.com / 010-000-0000

3. 보도자료 배포하는 방법

보도자료는 홍보 담당자가 가지고 있는 기자 리스트(미디어 리스트)의 이메일로 배포한다. 이메일 제목은 회사 이름을 넣은 후, 보도자료에 쓰여있는 제목 그대로 배포해도 무방하다. 보도자료와 이메일 제목을 기자의 이목을 끌 수 있도록 더욱 흥미롭게 만들고 싶다면 강조할 수 있는 키워드를 넣는다. 예를 들어 'ABC사, 뇌졸중 환자 위한 재활기기 런칭'이라고 하면 매력적이지 않지만 'ABC사, 뇌졸중 환자 위해 **인공지능** 탑재한 재활기기 출시', '**CES 혁신상** 수상한 뇌졸중 재활기기 국내 런칭' 등을 넣으면 매력적으로 읽힐 수 있다.

이메일에 보도자료와 관련한 제품 이미지 1~2개를 크기 1MB 이상의 JPG, PNG 파일 형태로 첨부한다. 보통 보도자료는 관련 사진과 함께 기사화가 되기 때문에 사진을 꼭 첨부해야 한다. 신제품 출시 보도자료라면 신제품 이미지를 첨부하고, 수상 보도자료라면 수상한 제품 사진, 혹은 상을 수상하고 있는 대표 사진 등을 첨부한다. 타 기업과 제휴한 내용이라면 두 회사의 대표가 악수하고 있는 사진 등을 전달하면 된다.

또한 다수의 기자에게 배포할 때, 숨은 참조 BCC(blind carbon copy) 기능을 사용해 한 번에 전달하면 편하다. 이메일로 전달을 하고 나서 꼭 '이런 내용의 보도자료를 보내드렸으니 참고 바란다.'는 내용으로 팔로업 카톡이나 문자를 보낸다. 기자들이 내 메일을 놓칠 수 있기 때문에 한 번 더 확인하는 것이고, 이메일을 못 받는 경우도 발생하기

보도자료 배포 예시

이메일 제목
[ABC사 보도자료] ABC사, 뇌졸중 환자 위해 인공지능 탑재한 재활기기 출시

이메일 바디
기자님
안녕하세요
헬스케어 스타트업 ABC사, 홍보 담당 xxx 차장입니다.

(기자들이 우리 회사에 대해 모를 경우)
ABC사는 xxx를 위한 솔루션을 만드는 회사로… 2~3줄 → **회사 소개**

오늘 저희 ABC사가 신제품을 런칭하게 되어서 보도자료를 보내드립니다.
이번 신제품은… 2~3줄 → **보도자료에 대해 간단 설명**
이에 보도자료를 보내드리니 참고 부탁드립니다.

XXX 드림

[보도자료 전문을 메일 바디에 붙여 넣기]
워드, 한글 파일 형태의 보도자료를 첨부하지만 기자들이 바로 메일을 열었을 때 내용을 파악할 수 있도록 메일 바디에 붙여 넣는다.

때문이다. 그런 경우 메일함에 들어오지 않았으니 다시 보내달라고 요청이 온다.

보통 보도자료를 오전 8~10시 사이에 보내고 나면, 빠르면 30분 후부터 온라인으로 기사화가 되기 시작하는 것을 포털사이트에서 볼 수 있다. 잡지의 경우에는 마감 날짜를 확인하고 그 이전에 전달해야 한다.

보도자료 배포 시 주의사항

보도자료를 작성할 때 가장 중요한 것은 내용의 '정확성'과 '배포 시기'이다. 보도자료를 기자들에게 배포한 후 잘못된 사실관계를 바로잡으려 한다면, 많은 수고로움을 동반하기 때문에 애매한 내용이 있다면 확인, 또 확인을 해야 한다.

또한 배포해서 이미 기사화된 내용을 각각의 기자한테 전화해서 수정해달라는 일이 반복된다면, 홍보 담당자는 신뢰를 잃어 그 회사의 기사는 더 이상 나오지 않게 될 것이다.

문제가 생길 수 있는 상황은 다음과 같을 때 일어난다.
- 홍보 담당자가 수치, 내용 등을 정확히 확인하지 않고 작성했을 때
- 임원에게 최종 컨펌을 받았으나, 임원이 내용을 제대로 확인하지 않았을 때
- 내용을 알려준 타 부서 담당자가 내용을 잘못 알려줬을 때
- 배포 시기가 민감한 보도자료인데, 보내야 하는 시간보다 더 빨리 배포를 했을 때

필자도 아찔했던 경험을 했던 적이 있다. 그 당시 근무했던 스타트업이 상장한 지 한 달 정도 됐을 때다. 기업 주가에 영향을 미칠 만한 뉴스가 있으면 공시를 한다. 공시란 공신력이 있는 증권거래소가 주가에 영향을 끼칠 만한 일이 발생하면 신속하게, 이해관계자(주주, 채권자, 투자자 등)를 위해 해당 기업의 재무내용 등 권리행사나 투자판단에 필요한 자료를 알리도록 의무화하는 제도다. 그와 관련한 내용의 보도자료는 '공시' 후에 배포해야 한다.

필자는 IR(투자자들을 대상으로 기업 설명 및 홍보 활동을 하여 투자 유치를 원활하게 하는 활동)에서는 경험이 많지 않았기에 '공시'가 된 후 기사를 배포해야 한다는 것을 당시에는 알지 못했다. 재무팀에서 필자에게 보낸 이메일에는 보도자료가 최종 컨펌되었다는 것과 다음날 공시하고 배포하면 된다는 내용이 적혀있었다. 그때 필자는 공시가 무엇인지, 공시가 언제 되는지에 대해 정확히 전달받지 못한 상태였다. 필자도 공시를 잘 모르면 확인을 했어야 했는데, 많은 업무로 경황이 없어, 그 부분을 놓치고, '컨펌되었으니까 배포하면 되겠다.'고 생각하며 다음날 평소대로 오전에 보도자료를 배포했다.

릴리즈하고 나서 촉 때문인지 몇 분 뒤 갑자기 서늘한 느낌이 들었다. 혹시나 해서 "어제 컨펌 받은 보도자료를 배포했다."라고 재무팀에 전화를 걸어 확인했다. 재무

팀에서 득달같이 "뭐 하는 거야? 빨리 기사 빼!"라고 소리를 지르길래 엄청 당황했던 기억이 있다. 그때는 '공시'가 되기 몇 시간 전이었다.

부랴부랴 배포한 모든 기자들에게 전화 및 이메일로 "방금 보낸 보도자료는 공시되기 전이니 홀딩해달라"라고 다시 연락을 했다. 약 70명에게 보낸 메일에, 제목을 바꿔서 다시 메일을 썼고, 그중 약 40명에게는 한 명 한 명 전화 혹은 카톡으로 직접 연락을 하며 수습했다. 다행히 빠르게 대처하고, 친분이 있는 기자들이 상황을 이해해줘서 기사는 공시 후 나갈 수 있었다. 함께 걱정해주며 "어떡해요. 힘들겠어요. ㅜㅠ"라고 위로해준 기자들도 있었다. 기사 1건이 나가긴 했었는데, 바로 연락해서 사정을 설명하니 다행히 바로 삭제해주었다.

하지만 이미 나가버린 기사를 수정하거나 고치는 것은 현실적으로 매우 어려운 일이다. 기업 측에서 배포한 자료가 이미 기사로 나갔다면, 기사를 수정할 때 기자도 다시 편집부장에게도 컨펌을 받아야 하는 등 과정이 매우 복잡하기 때문이다. 다행히 필자는 오랜 시간 기자들과 신뢰를 쌓으며 일했고, 또 배포 후 몇 분 밖에 지나지 않은 덕에 즉각 바로잡을 수 있었다. 다시 한 번 그 당시 이해해줬던 모든 기자들에게 감사함을 표하고 싶다.

홍보 담당자는 기사 배포 후 사실관계를 바로잡는 실수를 하지 않기 위해 기사 내용과 배포 시기를 몇 번이고 다시 확인해야 한다.

보도자료 배포

- 작성해 놓은 미디어 리스트를 숨은 참조 BCC를 사용해 보낸다.
- 이메일 바디에 보도자료 전문을 붙여 넣는다.
- 보도자료 관련 이미지를 1~2개 첨부한다.
- 보도자료 배포는 보통 오전 8~10시 사이에 완료한다.
- 이메일 발송 뒤 꼭 팔로업 카톡 혹은 문자를 보내 확인한다.
- 기자들은 오후 2~3시 사이에 기사 마감으로 바쁠 수 있으니 이 시간대에 전화 연락은 피한다.

기획기사

홍보 담당자는 '스토리텔러'여야 한다. 회사와 제품, 관련 산업 등에 대한 공부를 통해 다양한 앵글로 이야기를 만들어야 하기 때문이다. 2장에서의 내부 및 외부 환경 분석을 통해 우리 회사와 제품이 가진 특징과 정치, 경제, 사회 이슈를 접목하며 이야기를 풀어낸다.

기자들이 이런 앵글을 잡아서 알아서 써줘야 하는 것 아니냐는 생각을 가질 수 있지만 그들은 기업의 홍보 담당자가 아닐뿐더러, 우리 회사, 제품에 대해 제일 잘 아는 것은 바로 홍보 담당자이지 기자들이 아니다. 홍보 담당자가 발굴해서 작성하고 제안한 이야기를 기자들이 흥미롭고 유익하다고 생각한다면 그 내용은 기획기사로 나오게 된다.

1. 기획기사란?

기획기사란 새로운 제품, 트렌드, 특이한 아이템, 문제적인 현상 등을 새로운 시각으로 재조명해 작성하는 기사를 의미한다. 기획기사는 보도자료와 쓰는 방법이 다르다. 기획기사는 말 그대로 앵글을 '기획'해서 작성한 기사이다.

기자들이 계획해놓은 주제에 우리 제품이 부합한다면, 기자가 먼저 우리 회사에 대해 취재하는 경우도 있지만, 보통 홍보 담당자는 이런 이야기의 앵글을 먼저 발굴해 기자에게 제안한다. 물론 홍보 담당자가 제안하는 이야기는 자신의 회사, 제품과 연관된 것이다.

신선한 앵글, 재미있는 앵글, 유익한 앵글로 기획기사 자료를 만들어서 기자에게 피칭한다면 기사로 나올 수 있다. 즉 비용이 들지 않는다는 말이다. '애드버토리얼'이라는 기획기사형 광고가 있는데 이는 광고이기 때문에 지금 이야기하는 순수 기획기사와는 다르다.

신선한 앵글은 창의적인 앵글이다. 예를 들어 의료기기 제품에 게임적인 요소가 들어있다면, 우리가 평소에 부정적으로 생각하던 게임이 어떻게 질병 치료라는 유익함을 줄 수 있는지에 대한 앵글을 잡아볼 수도 있다.

재미있는 앵글은 사람들의 관심을 불러일으키거나, 호기심을 자극하는 앵글이다. 만약 우리 회사 매출이 100억이 넘는다면 '국내 백억 매출 스타트업은?'이라는 주제로 매출 백억이 넘는 다른 스타트업을 모아서 작성할 수 있다. 더불어 '국내 유니콘(기업 가치가 10억 달러 이상인 비상장 스타트업) 스타트업은?', '워라밸을 중시하는 스타트업은?', '실리콘 밸리에서 주목하는 국내 스타트업은?' 등을 예시로 들수 있다.

유익한 앵글은 독자에게 정보와 도움을 줄 수 있는 앵글이다. 예를 들어 '고령화 사회, 노인 질병 AI가 진단하고 치료한다.'는 기획기사가 있다면 인공지능이 의료기기에 어떻게 접목되고 있는지 기술 변화의 흐름을 알려주면서, 고령 환자들에게 도움이 될 만한 제품에 대한 정보도 줄 수 있다.

또한 어떻게 기획기사에 비용이 안 들 수 있는지 궁금해할 수 있는

데, 기자들도 끊임없이 새로운 이야기를 생각해야 하고, 무엇보다 독자들에게 도움이 되는 정보와 이야기를 쓰려고 한다. 홍보 담당자들이 기자에게 새로운 스토리를 제안하는 것은 서로에게 윈윈Win-Win이라 가능한 것이다. 기획기사가 괜찮은 앵글로 쓰인 것이라면, 기자들에게 이야깃거리를 제공해주기 때문이다.

2. 기획기사 작성하는 방법

회사 및 제품에 대해 소개하고 싶은 특징을 기획기사 앵글 및 주제로 잡는다. 그리고 내가 생각한 앵글에 적합한 최소 2개 이상의 타사 제품을 찾아서 정리해서 자료를 만든다.

회사 및 제품의 특징, 장점과 관련지은 기획기사
회사 및 제품에는 그 회사와 제품만의 특징, 장점이 있다. 예를 들어 우리 회사 제품이 인공지능, 게임화, 가상현실 등의 기술이 탑재된 의료기기라면 여기서 한 가지 특징을 잡아서 기사를 기획하는 것이다.
　다양한 특징 중에 '게임화Gamification'를 앵글로 잡고 기획기사를 작성한다고 가정해보자. '헬스케어 기기에 적용된 게임화'가 앵글이 된다. 핵심 메시지는 어떻게 헬스케어 기기에 게임화가 적용되어 사람들의 건강을 지켜주고, 치료해줄 수 있는지를 설명하는 것이다.
　이렇게 앵글을 잡았다면 우리 회사 제품 이외에 '게임화'를 적용하고 있는 다른 헬스케어 제품을 찾는다. 검색된 제품들 중에 헬스케어

회사 및 제품의 특징, 장점과 관련지은 기획기사 예시

게임으로 건강을 지킨다!

게임화^{Gamification}란 게임이 아닌 분야에 재미, 보상, 경쟁이라는 요소를 넣어 사람들의 재미를 이끌어내어 적극적이고 자발적인 참여를 유도하는 것이다. 어떤 기업은 게임화를 통해 학생들이 공부에 몰입할 수 있게 만들고, 또 다른 회사들은 마케팅으로 사용해 소비자의 참여를 유도하고 있다. 이렇게 게임화의 범위는 무한하다. 게임화는 현재 헬스케어 분야에서도 지속적으로 적용되고 있으며 환자, 사용자가 이를 통해 건강을 지킬 수 있도록 도와주고 있다.

[우리 회사 제품 소개]
ABC사, 게임으로 재미있게 재활훈련 '스마트 디바이스'
뇌졸중 환자들의 후유증은 기본적인 움직임과 표현에 장애가 생기는 것이다. 그들은 걷기, 말하기, 옷 입기, 방문 열기, 화분에 물 주기, 마트 다녀오기 등의 일상생활에 어려움을 느끼게 된다. 그렇기 때문에 재활훈련은 환자들이 독립적으로 일상생활을 수행하고 보행이 가능하도록 함으로써 궁극적으로 삶의 질을 향상시키고자 진행되는 필수적인 과정이다.
하지만 지금까지의 재활훈련용 디바이스는 아날로그 제품이며, 훈련이 반복적으로 이뤄지는 등 환자가 재활이 지루하다고 느낄 수 있고 재활에 대한 흥미를 잃게 만들 수 있다. ABC사는 이러한 문제점을 해결하고자 재활훈련에 게임화를 도입했다. 재활훈련을 게임으로 만들어 훈련 자체에 재미를 더했다. 환자는 ABC사의 스마트 디바이스를 착용해 다양한 훈련 게임으로 재활을 할 수 있게 됐다. 각 게임 콘텐츠는 손가락을 사용하는 동작, 손목을 사용하는 동작 등 각 신체 부위의 움직임 연습을 위해 설계되었다.
ABC사 홍길동 대표는 "디지털 재활 훈련 게임들은 전문 치료사들과 함께 과학적으로 개발되어, 운동능력 회복과 훈련의 재미를 동시에 느낄 수 있다."라며 "게임 콘텐츠를 통해 근육의 활성화, 시각과 청각의 감각 자극, 그리고 인지기능 강화를 통해 환자들의 뇌 가소성이 촉진된다. 이러한 풍부한 환경자극 및 운동은 뇌세포의 연결을 새로이 구성하여, 손상된 운동능력의 회복에 도움을 주는 것"이라고 설명했다.

[타사 제품 소개]

약 먹는 시간을 알려주며, 지키면 상을 주는 '헬스 앱'

헬스 앱은 건강한 습관을 길러주는 앱이다. 앱 사용자가 병원에서 처방받은 약, 비타민 등을 잊어버리지 않고 시간에 맞춰 먹을 수 있도록 알람이 울리게 설계되었다. 사용자가 알람에 따라 약을 먹으면 약 만 원 상당의 기프트 카드를 받거나 자선단체에 사용자 이름으로 기부가 되는 보상을 받게 된다. 이렇게 자신이 성취한 것에 대한 보상이 뒤따르기 때문에 사용자는 이를 더욱 지키기 위해 노력하고 습관화할 수 있다.

또한 이 앱은 약의 알람뿐만 아니라 약과 관련된 음식, 음료 등에 대한 정보 역시 제공한다. 사용자들은 헬스 앱으로 체중, 혈압 등을 기록하고 관리할 수 있다.

[타사 제품 소개]

어린이 ADHD 치료하는 'XY' 게임

이제는 약 이외의 방법으로 ADHD(주의력결핍 과잉행동장애) 어린이를 치료하는 시대가 됐다. XY 게임으로 어린이 ADHD 치료가 가능하다. 미국의 경우, 의사는 ADHD 환자를 위해 FDA에서 승인된 비디오 게임을 처방한다.

미국 DEF 스타트업은 ADHD와 자폐증, 우울증 등의 증상에 대해 8가지 임상 테스트를 거친 XY 게임을 개발했다. XY 게임은~ (게임 콘텐츠, 게임 작동 방법, 게임 진단 방법 등 설명)

기기이면서 게임적인 요소가 들어있는 제품을 2개 정도 찾았다면 기획기사를 작성한다. 여기서 중요한 것은 경쟁사 제품은 언급하지 않는다는 것이다. 우리가 스스로 경쟁사를 홍보해줄 이유는 없지 않은가?

타사 제품에 대한 설명은 그 회사 웹사이트, 기사 등을 통해 작성하며, 더 자세한 사항을 알고 싶으면 그 회사에 전화해서 "이런 앵글로 기획기사를 작성 중이니 제품소개서를 보내달라."고 요청한다. 자신의 회사를 무료로 홍보할 수 있는 좋은 기회이기 때문에 대부분 자료를 보내준다.

기획기사 자료 첫 문단에 4~5줄로 게임화가 무엇이고, 게임화가 현재 어디에 어떻게 적용되고 있는지를 설명한다. 그리고 각각의 제품 사례를 설명해주면 된다. 첫 번째 사례에는 우리 회사 제품을 소개하고 이후 타사 제품 소개를 이어간다.

트렌드와 관련지은 기획기사

트렌드와 관련한 우리 회사 및 제품이 가진 장점을 앵글로 잡는다. 예를 들어 알파고와 이세돌 9단의 대국으로 '인공지능'이 한창 이슈가 된 적이 있었다. 이를 우리 회사 제품과 연계해서 생각해 '인공지능을 탑재한 의료기기'로 주제를 잡아보았다. 핵심 메시지는 인공지능이 의료기기에 접목되어서 사람들이 어떻게 혜택을 받느냐이다.

의료기기 제품 중 인공지능이 접목된 타사 제품 2개를 찾은 후 작성한다. 첫 문단에 4~5줄로 최근 인공지능이 의료기기에 어떻게 적용되고 있는지, 그 이유와 혜택에 대해 설명한다. 그리고 우리회사 제품을 인공지능 특징을 부각해 설명하고, 타사 제품 2개를 함께 소개한다.

트렌드와 관련지은 기획기사 예시

인공지능과 헬스케어의 결합으로
스마트한 의료 시대 열린다

인공지능은 빅데이터를 분석하고 가공해 새로운 정보를 얻어내거나 미래를 예측하는 기술이다. 즉 인간처럼 다양한 데이터를 가지고 있는 소프트웨어가 스스로 의사결정을 하는 시대가 오고 있는 것이다. 이러한 인공지능 기술은 의료 분야에서도 이미 적용되기 시작하여 의학계의 새로운 진단법, 치료법 등이 개발되고 있으며 앞으로 인공지능은 사람보다 먼저 질병을 예측하고 그에 따른 진단과 치료에도 활용될 것으로 보인다. 환자들은 인공지능과 결합한 헬스케어로 어떤 혜택을 누릴 수 있을까?

[우리 회사 제품 소개]
ABC사 디지털 건강 솔루션: 인공지능을 통해 환자 맞춤 스케줄 관리 및 재활훈련 제공
ABC사는 뇌졸중 환자를 위한 재활기기 스마트 솔루션에 인공지능 기술을 결합했다. 이 제품은 건강 게임 소프트웨어와 손과 발 재활훈련을 할 수 있도록 개발된 하드웨어로 구성되어 있다.
이 솔루션은 환자가 처음 사용할 때 환자의 움직임 각도를 수치화한 뒤 데이터로 저장하며, 환자는 재활훈련 게임으로 움직임을 연습할 수 있다. 환자들은 게임을 하는 동안 게임 콘텐츠를 통해 시각과 청각 두 가지 감각이 동시에 자극되어, 훈련 중 뇌 가소성을 증진할 수 있고 근육의 반복적 학습이 가능하다.
이렇게 측정되고 분석된 데이터는 머신러닝, 인공지능을 통해 실시간으로 훈련의 난이도를 조절해준다. 환자의 훈련 상태에 따라 소프트웨어가 스스로 환자에게 적절한 목표와 적합한 훈련을 제공함으로써 환자가 재활에 대한 동기부여를 받을 수 있도록 디자인됐다.
또한 환자가 어떤 재활 게임을 하는 것이 도움이 되는지를 분석해 지속적으로 훈련이 필요한 부분별, 시간별 스케줄도 구성해 제시하며 의료진에게도 치료의 방향, 진단에 도움이 되는 자료를 제공한다.
ABC사 홍길동 대표는…

[타사 제품 소개]
의사의 진단을 돕고 질병을 예측을 하는 의료 영상 소프트웨어 'WXY'
WXY 제품은 딥러닝 기술과 의료 데이터를 접목, 의사가 보다 정확한 진단을 내릴 수 있게 돕고 질병 예측을 가능하게 하는 의료용 소프트웨어이다. CT 사진과 진단 데이터 등을 바탕으로 폐질환 감염, 암 발병 여부를 빠르게 가려내고 의사의 정확한 의사결정을 보조하는 기술이다. WXY를 통해 분석한 결과는 결핵이나 암 등의 조기발견을 쉽게 할 뿐만 아니라 의사의 진단을 돕는다.

또한 CT와 MRI 등 의료 영상기술 발달은 전문의가 환자 내부 상태를 확인할 수 있도록 시각적 정보를 제공한다. 의사 숙련도와 소견에 따라 다른 판단을 내릴 수 있는 상황에서 WXY 딥러닝 기술로 객관적 분석 정보를 제공해 보다 정확한 판단을 돕고 있는 것이다.

[타사 제품 소개]
인공지능 건강 컨설턴트 앱 'LMN'
헬스케어 앱 'LMN'을 사용하는 1만 명 회원의 데이터와 인공지능 기술을 접목시켰다. 이 앱은 운동선수뿐만 아니라 일반 개인의 수면, 영양상태, 심리·체력적 컨디션 등의 기록을 바탕으로 과학적이고 적절한 타이밍에 맞춤형 건강 컨설팅을 해준다. 예를 들면 '나와 같은 사람' 기능을 통해 자신과 유사한 조건을 가진 사람의 평균 몸무게, 하루 운동량, 영양상태, 날씨, 심장박동 수 등을 인공지능이 분석해 조언하는 방식이다. 운동선수뿐만 아니라 일반 개인의 수면, 영양상태, 심리적·신체적 건강 상태 등 건강한 삶을 위한 모든 활동을 적절하게 조언해주고 제품이 직접 프로그램을 짜서 계획해준다. 의사나 전문가가 해주던 포괄적인 건강 컨설팅을 앱이 해주는 셈이다.

시즌, 날짜와 관련지은 기획기사

우리 회사가 아웃도어 카메라를 판매하는 회사이면, '여름휴가 때 가져가서 재미있게 놀 수 있는 아이템' 혹은 '바닷가에서 안심하고 사용하는 방수 아이템' 등의 앵글을 잡을 수 있다. 또한 졸업 시즌에 자사의 제품이 선물하기 좋다고 생각되면 '졸업식 때 받고 싶은 선물 베스트 3' 이런 식으로 앵글을 잡을 수 있다.

달력을 살펴보면 우리 회사 제품과 관련 된 '날'들을 찾을 수 있다. 예를 들어 뇌졸중 환자를 위한 의료기기를 만드는 회사라면 '뇌줄중의 날', 아이들을 위한 장난감을 만드는 회사라면 '어린이날' 등, 제품과 관련된 '날'을 찾아 그때 맞춰 기획기사를 준비한다.

홍보 담당자는 우리 제품에 대한 앵글을 고민하고 제안하는 역할을 하고, 기자들은 이러한 자료를 검토 후에 추가 취재를 통해 기사를 쓰게 된다. 홍보 담당자는 우리 회사, 제품을 분석하고 어떤 특징을 잡아 이야기할지, 어떤 이야기가 유익할지 등에 대해 계속 아이디어를 떠올려야 한다.

물론 그 앵글을 찾는 것은 결코 쉬운 일이 아니다. 그래서 우리 회사와 제품이 다양한 앵글로 소개되기까지 홍보 담당자의 많은 고민과 노력이 필요하다.

3. 기획기사 피칭하는 방법

기획기사는 보도자료와 달리 기자 모두에게 배포하지 않는다. 한 개의 기획기사를 한 명의 기자에게 소개한다. 기자 미팅 때 기획기사를 보여주면서 앵글을 제시하는 경우도 있고, 이미 미팅을 했던 기자라면 전화로 앵글을 제안할 수도 있다. 그러면 기자는 우선 자료를 보내라고 하고, 홍보 담당자는 이메일로 발송한다.

1~2주 정도 기다렸는데 기사화가 되지 않는다면, 전달해준 기자에게 '그때 그 앵글이 괜찮다고 했는데 더 추가해서 전달할 정보가 없는지' 한 번 더 확인해보고, 그래도 나오지 않는다면 그 앵글을 다른 매체, 다른 기자에게 다시 제안한다. 기획기사는 보통 보도자료처럼 기사화의 타이밍에 제약을 받지 않기 때문에 지속적인 피칭이 가능하다.

만약 몇 명의 기자한테 계속 거절된다면 그 앵글은 그만큼 흥미롭지 않다는 이야기이므로 다른 앵글을 발굴해 작성한다. 기자들도 기획기사의 앵글이 좋다고 판단하면 1~2주 내 기사화하는 편이다.

기획기사를 한 달에 몇 번 작성해야 하느냐에 대한 답은 없다. 굳이 횟수를 이야기한다면 홍보 담당자가 다른 업무량을 감안하고, 보도자료 등 다른 뉴스거리도 있을 수 있으니 한 달에 1~2번 정도 작성하고 피칭하는 것이 적당하다.

기획기사

- 우리 회사 및 제품과 관련된 앵글, 주제를 끊임없이 고민하며 찾는다.
- 그 앵글에 맞는 타사의 2가지 사례를 검색한다.
- 첫 문단에 앵글에 대한 설명에 이어 우리 회사 포함 3개사의 제품을 소개한다.
- 기자 미팅 때 혹은 전화 및 이메일로 기자에게 앵글을 제안한다.
- 이야기가 좋으면 기자의 검토 및 추가 취재를 통해 기사화가 된다.

대표 인터뷰

사람들은 스타트업 대표를 궁금해한다. 대표가 누구인지, 어떤 배경을 가지고 있는지, 혁신적인 제품에 대한 아이디어를 어떻게 떠올렸는지, 회사를 창립하게 된 계기와 과정은 무엇인지 등 그 사람에 대해, 그 사람의 도전에 대해, 더 나아가 성공 스토리에 대해 궁금한 것이다. 대표 인터뷰는 그 스타트업의 이미지에 많은 영향을 미치기 때문에 매우 중요하다.

1. 대표 인터뷰 준비

'이 스타트업은 이런 이유로 설립되었다', '이런 미션을 가지고 이 세상의 이러한 문제점을 해결하려고 한다.', '이런 제품을 통해 더 나은 세상을 만들려고 한다.'는 것이 창업자의 스토리다.

왜 이 회사가 탄생하게 됐는지, 대표와 공동 창업자들과의 회사 설립 과정에는 어떤 비하인드 스토리가 담겨 있는지, 이 회사의 메인 제품과 서비스는 무엇인지, 어떤 비전을 가지고 이 회사를 성장시킬 것인지 등에 대한 내용으로 스타트업 대표의 인터뷰가 진행된다. 이를 통해 독자들은 우리의 제품뿐만 아니라 회사가 가지고 있는 다양한 이야기를 들을 수 있다.

또한 인터뷰도 기획기사와 마찬가지로 어떤 트렌드가 있다면 그러한 부분을 연결해서 제안을 할 수 있다. 4차 산업혁명 기술이 한창 부각될 때, 우리 회사 제품이 인공지능과 관련 있다면 회사의 '인공지능 기술력'을 포인트로 잡고 인터뷰를 하는 것이다.

회사에 긍정적인 이슈, 예를 들어 '해외 진출', '매출 100억 달성' 등이 있다면 이러한 부분을 부각해서 인터뷰를 제안할 수 있다. 기자들은 잘나가는 스타트업의 이야기를 듣고 싶어한다.

더불어 각 매체의 인터뷰란을 보면서 어떤 내용으로 인터뷰 시리즈가 나갔는지를 살펴봐야 한다. 예를 들어 '스타트업 대표 릴레이 인터뷰'란이 있다면, 그 기사를 쓴 기자에게 컨택해서 회사, 제품, 대표를 소개하며 인터뷰를 제안한다.

독일 본사 대표의 인터뷰 성공담

외국계 회사를 다닐 때 조선일보에서 토요일마다 발간하는 위크리 비즈라는 특집면을 즐겨 보았다. 글로벌 기업 CEO, 유명 석학 등의 인터뷰를 통해 특정 기업이 세계적으로 성장하는 데 배경이 된 경영 철학, 경영 노하우, 경영 인사이트, 그 기업이 걸어온 길 등에 대한 이야기를 하며 회사를 소개하는 지면이었다.

그 지면을 관심 있게 읽다가 문득 필자가 다니던 회사도 이 지면에 나올 만한 흥미로운 이야기, 경영 철학 등이 있다는 생각이 들었다. 홍보 담당자는 신문을 보거나, 방송을 볼 때 안테나를 세우고 있으면 '어? 여기에 우리 회사도 이런 앵글로 소개될 수 있겠는데?'라는 생각이 떠오르게 된다.

그때 근무했던 독일 회사가 160년의 역사를 가지고 있었고, 그 옛날에 8시간 근무제를 도입할 정도로 경영자의 철학이 혁신적이었으며, 독일의 분단과 통일의 역사를 회사도 똑같이 겪어 회사 자체가 분리됐다가 다시 통합되는 흥미로운 스토리가 있었다. 또한 그 회사는 광학 분야에서 세계적인 기술력을 인정받고 있었다. 이러한 앵글로 피칭하면 기자도 관심을 보일 것이라 생각했다.

그래서 밑져야 본전이라는 생각으로 독일 본사 CEO의 인터뷰를 추진했다. 물론 한국 지사의 대표가 아닌 독일 본사 대표의 인터뷰를 진행하는 것이 쉬운 일은 아니었지만, 못할 것도 없다고 생각했다.

기자 연락처가 없어서, 인터뷰 기사에 있는 기자 이름과 이메일 주소로 먼저 소개서를 보냈다. 이메일 내용은 다음과 같았다.

- 160년 이상 된 회사의 역사
- 그 역사 속에서 겪었던 기업만의 특별한 이야기
- 이제까지 살아남았던 경영 철학과 비결
- 회사의 기술력, 시장에서의 제품의 위상 등

다행히 기자가 관심을 보이며 답장을 했고, 직접 만나서 회사와 제품에 대한 소개와 설명을 진행했다. 인터뷰가 결정되고, 독일 본사에도 연락해 한국의 영향력 있는 매체와 본사 CEO 인터뷰를 진행하고 싶다는 커뮤니케이션을 해놓았다. 결과적으로 기자가 독일로 가서 본사 CEO와 인터뷰를 진행했고, 성공적으로 커버스토리에 소개됐다.

홍보 담당자가 회사의 스토리, 제품에 대해 많이 알고 있으면, 다른 회사의 기사를 보다가도 '우리 회사에 대한 소개도 이렇게 하면 좋겠다.'는 생각이 떠오른다. 또한 기자의 연락처가 없더라도, 기사에 적힌 기자의 이메일로 컨택하고, 매체에 직접 전화를 걸어 그 기자와 연결을 요청하는 등 적극적으로 진행을 하다 보면 인터뷰 기사가 한 개씩 나오기 시작한다.

더불어 홍보 담당자는 인터뷰에 앞서 기자에게 미리 질문지를 받아서 대표에게 전달하고 대표와 함께 질문지에 대한 답변을 구성해 놓는다. 스타트업 초기에 받는 질문 내용은 다음과 같이 기본적으로 비슷하다. 한 번만 정리해놓으면, 계속 조금씩만 변형해서 편리하게 사용할 수 있다.

스타트업 대표 인터뷰 질문 및 답변 항목 예시

1. 회사에 대한 소개
   - 창업 스토리 설명
   - 대표가 왜 이러한 회사를 설립하고, 제품을 만들었는지에 대한 설명
   - 제품 아이디어를 떠오르게 만들었던 경험: 어떤 문제의식에서 창업 아이디어를 떠올렸고, 우리 회사 제품의 이러한 문제를 어떻게 해결하는지 설명
   - 회사의 미션(회사의 존재 이유), 비전(회사가 나아갈 방향)에 대한 설명

2. 대표 자신에 대한 소개
   - 출신학교, 회사 경력 등 대표 약력 소개
   - 대표의 경영 철학 소개
   - 공동 창업자들의 약력 소개(특히 CTO)
   - 공동 창업자들의 만남에서 창업까지의 스토리

3. 제품에 대한 소개
   - 제품, 솔루션에 대한 전반적인 설명
   - 타깃 시장, 타깃 소비자는 누구인지
   - 제품의 특징, 장점 부각
   - 소비자가 제품으로 갖는 혜택
   - 경쟁 제품과 비교했을 때 차별점(경쟁사 직접 언급은 피함)
   - 제품 관련 산업 시장 설명과 회사 제품의 방향 설명

4. 제품의 작동 원리
   - 소프트웨어, 하드웨어에 대한 작동 방법 설명
   - UX, UI 디자인, 엔지니어링 설계 관점에서 특징 및 장점 설명
   - 소비자 관점에서의 유익한 점 설명

5. 제품 개발과정에서 겪은 어려움
   - 창업할 때 어려웠던 점
   - 제품 개발할 때 어려웠던 점을 실제 에피소드를 이야기하며 설명
   - 시행착오를 어떻게 극복하고 제품을 탄생시켰는지 설명
   - 어려움을 통해 배웠던 점

6. 현재까지의 성과
    - 제품 출시 후 현재까지의 국내 성과
    - 혹시 해외지사가 있다면 해외 성과도 언급
    - 매출, 판매량, 고객 피드백, 다운로드 수, 어워드 수상 등에 대한 모든 성과를 설명

7. 고객들의 반응
    - 국내, 해외 시장 반응을 정리
    - 고객들의 긍정적인 피드백 설명

8. 향후 계획 비전
    - 회사가 어떤 시장에서 어떻게 경쟁할 것인지 등 전체 방향에 대한 설명
    - 공개 가능한 수준에서 신제품 출시 계획 설명
    - 해외 진출, 매출 달성 등의 포부

9. 스타트업을 꿈꾸는 이들에게 조언
    - 창업 준비에 필요한 사항 설명
    - 조직을 관리하는 경영적인 부분에서의 멘토링
    - 제품 개발에 있어서 예상되는 어려움과 극복방안 등

대표 인터뷰 기사는 대표 사진과 함께 나간다. 기자가 인터뷰 사진을 직접 찍기도 하지만 추후에 홍보 담당자에게 요청하기도 한다. 회사 로고 앞에 서있는 대표 사진과 회사 제품과 함께 찍은 대표 사진을 홍보 담당자가 직접 찍어서 가지고 있으면, 편하게 사용할 수 있다. 사진은 스마트폰으로 찍어도 충분하다.

2. 미디어 트레이닝

홍보 담당자가 준비한 예상 질문 리스트 및 기자에게 받은 질문 리스트에 대한 답변을 글로 적은 후, 대표는 이에 대한 연습을 해야 한다. 기자와 직접 인터뷰를 진행할 때, 막상 말을 정리해놓지 않으면 그 순간 당황하고 중언부언할 수 있다. 특히 방송 인터뷰를 할 때는 카메라 앞에 서면 긴장이 많이 되기 때문에, 실수하지 않으려면 인터뷰 답변을 연습해놓는다.

또한 기자와 인터뷰할 때, 민감하거나 대답하기 곤란한 질문을 받을 수 있다. 회사 및 제품에 대해 부정적으로 나올 수 있는 이슈도 미리 예상해서 대표 및 유관 부서와 답변을 준비한다.

인터뷰할 때에 염두에 두어야 할 사항들을 중심으로 미디어 트레이닝을 하면 좋다. 다음 사항들은 인터뷰할 때 주의해야 할 점들이다.

전문 용어, 약어 등은 쉽게 풀어서 이야기한다
회사의 제품, 산업 등을 설명할 때, 말을 쉽게 해야 기자들도 정확한 이해를 바탕으로 기사를 쓸 수 있고 소비자도 회사와 제품에 대해 명확히 이해할 수 있다. 예를 들어 "이 제품은 뇌졸중 환자의 상지 재활 훈련을 위해 개발됐다."라고 이야기하는 것보다 "이 제품은 뇌졸중 환자의 상지, 즉 팔 움직임의 재활훈련을 위해 개발됐다."라고 설명하는 편이 낫다.

또한 비즈니스 용어를 사용할 때도, "우리 회사의 BM은 B2C 환자들을 타깃으로 하는 제품이 대부분이다."라기보다는 "우리 회사의 비즈니스 모델은, 개인 환자들을 타깃으로 하는 제품이 대부분이다." 등으로 이야기한다.

"여기서 가장 중요한 포인트/이슈는…"라고 시작하면서 핵심 포인트를 이야기하고 있다는 걸 알려주며 시작한다
인터뷰에서 강조하고 싶고, 중요하다고 생각하는 메시지는 직접 이야기해준다. 그래야 듣는 인터뷰어도 많은 말들 중에 핵심포인트가 무엇인지 잡을 수 있고, 그 부분에 초점을 맞춰 효율적으로 질문할 수 있다.

핵심 포인트를 설명할 때, 예시를 들어준다
예를 들면 핵심 포인트를 잘 설명할 수 있다. "해외에서도 우리 회사가 주목 받고 있다."는 포인트로 이야기할 때, "이 의료기기는 해외에서도 반응이 매우 좋다."라고 말한 뒤 "이 제품은 미국의 대표적인 병원 10곳에 납품 계약을 마쳤으며, 다른 지역 병원에서도 계속 문의가 들어오고 있다. 또 한 미국 환자는 이 의료기기를 사용한 후 이러저러한 이유로, 우리에게 고맙다는 메시지를 보내왔다."는 구체적인 예를 덧붙여준다.

가능하면 첫째, 둘째, 셋째 등의 포인트를 짚어가며 이야기한다
말을 계속하다 보면 포인트가 흐려지고 중언부언할 수 있다. 인터뷰를 통해 효율적으로 메시지를 전달하기 위해 각각의 포인트를 정리해놓고, 이야기하면 더욱 명료해진다. "우리 회사 제품에 탑재된 혁신 기술은 3가지이다. 첫째는… 둘째는… 셋째는…"으로 포인트를 짚어가며 이야기한다.

**산업의 최신 트렌드, 시장의 문제점과 해결방안을
우리 제품과 연관시켜 설명한다**

이를 위해서는 산업에 대한 공부와 이해가 필요하다. 예를 들어 "이제는 고령화 시대인 만큼, 뇌졸중, 치매가 더욱 늘어나고 있으며, 재활 훈련에 대한 필요성은 더욱 대두되고 있다. 하지만 이러한 고령 환자들은 비용이 많이 들고, 이동의 어려움 때문에 매번 병원을 다니면서 치료하는 데 한계가 있을 수 있다. 우리 제품은 이러한 문제들을 해결하고자 제품에 A라는 기술을 탑재했고…"라면서 '고령화'라는 사회적인 흐름과, '비용과 이동의 어려움'이라는 시장의 문제점을 이야기하며 우리 제품의 새로운 기술이 이를 어떻게 해결해줄 수 있는지 설명하면 된다.

모르는 질문이 나왔을 때는 "추후에 알아보고 답변하겠다."라고 말한다

그 순간을 모면하려고 대답부터 하는 경우가 있는데, 잘못된 정보를 제공해서 추후 그 부분을 수정하는 데 더 많은 문제가 생기게 된다. 예를 들어 기자가 "이 제품은 A 방식으로 작동하는 건가요?"라고 물어봤을 때, 대표가 제품의 기술적인 부분에 대해서 세세하게 알지 못하는 경우가 있을 수 있다. 잘 모르는 상태에서 잘 모른다고 대답하기 민망해서 "그렇다."고 대답하지 말고, "기술적인 측면의 자세한 부분은 제가 좀 더 정확히 알아본 뒤 추후 답변을 드리겠다."라고 이야기해도 된다.

대표 개인의 입장이 아닌 회사의 입장에서 이야기한다
기자와의 인터뷰는 대표의 개인적인 생각을 이야기하는 자리가 아니라 회사 전체를 대표해서 이야기하는 것임을 늘 명심해야 한다. 회사 대표로서 홍보 담당자와 사전에 조율한 메시지, 회사에 도움이 되는 이야기를 해야지, 정제되지 않은 개인의 생각을 쉽게 말해선 안 된다.
 예를 들어 기자가 인터뷰 중에 관련 산업 규제에 대해 어떻게 생각하냐고 물었을 때, 개인적으로는 불만이 많다고 할지라도, 최대한 회사와 관계된 모든 이해관계자를 고려하며 회사에 긍정적으로 작용할 수 있도록 메시지를 구성해 이야기해야 한다.

방송 인터뷰인 경우, 미소, 적절한 제스처를 포함한다
막상 방송 촬영에 들어가면, 긴장하고 경직된 모습을 보일 수 있는데, 방송 인터뷰가 처음이라면 이를 위해 인터뷰 내용을 제스처와 함께 미리 연습해보는 것을 추천한다.

기자를 이기려 들거나 가르치려 하지 않는다
기자들도 모든 산업이나 제품에 대해 다 알 수는 없다. 대표는 제품,

산업, 시장 등에 대해 이야기하면서 마치 가르치는 듯한 태도로 기자를 대하지 않아야 한다. 오히려 설명을 잘 해준다면 그 기자는 그 산업에 대한 지식이 풍부한 대표를 신뢰하며, 업계 전문가로 인정할 것이다.

곤란한 질문 리스트를 만들어 미리 대응 메시지를 준비해놓는다

기자는 인터뷰 중간에 대답하기 곤란하거나 부정적인 이슈에 대한 질문을 할 수 있다. 홍보 담당자는 곤란한 질문 리스트를 미리 만들어놓고, 유관 부서, 관련 임원, 대표와 함께 그에 대한 대응 메시지도 준비해놓는다. 그래서 질문을 받을 때마다 당황하거나 그때마다 다른 이야기를 하는 것이 아니라, 그 이슈에 대해서는 누가 인터뷰하든 회사 전체가 일원화된 메시지로 대응할 수 있도록 한다.

내부적으로 정한 메시지에 따라 일관성 있게 답변한다

바로 앞 내용과 연결되는 부분이다. 부정적인 이슈뿐만 아니라 인터뷰 때 우리 회사에서 가장 중요하게 생각하는 핵심 메시지를 포인트별로 정리해서 누가 이야기하든 같은 말을 할 수 있도록 한다.

추측성 발언을 삼가고, 즉흥적으로 답변하지 않는다

정확하지 않은 내용을 이야기하면, 추후 문제가 될 소지가 있으니 추측성 발언은 삼가도록 한다. 또한 말을 하다 보면, 인터뷰를 위해 정리했던 내용 이외의 아이디어가 떠올라 그에 대해 즉흥적으로 이야기할 수 있다. 정말 필요한 내용이 아니라면 가능하면 준비한 메시지를 토대로 인터뷰를 진행하는 것을 추천한다. 즉흥적으로 이야기하다 보면 자기도 모르게 말실수를 하게 되거나, 나중에 후회하는 일이 생길 수 있기 때문이다.

04

홍보 자료 및 콘텐츠 만들기

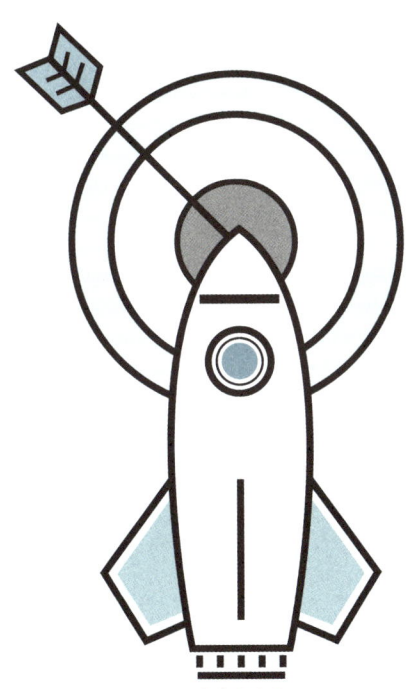

4장 .. 홍보 자료 및 콘텐츠 만들기

프레스 키트 만드는 방법과 전체적인 구성

영업 담당자들은 클라이언트에게 제품을 소개하기 위해 제품 브로슈어, 리플릿 등을 가지고 다닌다. 홍보 담당자들은 프레스 키트Press kit, 미디어 키트Media kit가 필요하다. 영어로 키트란 '용구 세트'라는 뜻인데 기자에게 전달하는 '회사와 제품 소개서 세트'라는 의미로 생각하면 된다.

기자들에게 회사 및 제품에 대한 전체적인 소개를 하고 싶을 때 프레스 키트를 전달한다. 회사가 언제 설립되었으며, 어떤 철학을 가진 회사인지, 무엇을 만드는 회사인지, 제품의 특징은 무엇인지, 대표는 누구인지, 지금 시점에서 회사의 중요한 이슈는 무엇인지 등을 전체적으로 알려주는 종합 자료 패키지인 셈이다.

① 회사 소개서

회사 소개서에는 이 회사를 언제, 왜 설립했는지, 어떤 제품과 서비스를 제공하고 있는지, 회사가 앞으로 나아갈 방향은 어딘지를 적는다. 투자 규모, 수상경력, 매출액 등 자랑하고 알릴 만한 정보도 함께 넣는 등 앞서 3장의 보도자료 파트에서 작성한 보일러 플레이트를 좀 더 구체적으로 넣어주면 된다.

회사 소개 아래에 따로 CEO 이름과 약력도 넣어준다. 회사 소개 및 CEO 약력을 넣은 '회사 소개서' 전체 분량은 10포인트로 워드 1장 정도가 적당하다.

② 제품 소개서

각 제품과 서비스는 워드 파일 반 장을 넘기지 않고 간결하게 설명한다. 이해를 돕기 위해 각 제품 사진 한 장씩을 설명 문구와 함께 넣어줘도 된다.

③ 컨택

홍보 담당자 이름, 이메일, 전화번호를 넣는다. 회사소개서 마지막에 넣어도 되고 따로 파일을 만들어서 넣어도 된다. 기자들이 프레스 키트를 받고 추가 취재를 하고 싶을 때 바로 연락해서 기사를 작성할 수 있기 때문이다.

④ 이미지 및 동영상 폴더

기사에 실릴 만한 각 제품의 이미지 2~3개, 회사 대표 사진도 1~2개 넣어 놓는다. 기사로 사용할 만한 1MB 사이즈 이상으로, 각 이미지를 정확히 설명하는 파일명을 붙인다. 각 사진 파일명은 '회사 이름_제품 이름'으로 저장한다. 제품 소개 관련 짧은 비디오가 있다면 링크 혹은 파일을 넣어 놓는다.

⑤ 보도자료

프레스 키트에는 전달 시점에 중요한 메시지를 담고 있는 보도자료도 함께 넣어준다. 처음 만난 기자에게 회사를 소개할 때, 혹은 특정한 행사가 있거나 알릴 거리가 있을 때 등 프레스 키트를 전달하는 상황에 맞게 보도자료를 준비해 전달하면 된다.

프레스 키트 만들기

URL 프레스 키트
위에 자료를 다 작성했다면, 작성 자료를 구글 독스, 드롭 박스 등의 공유 폴더에 올려 놓는다. 매번 자료를 첨부해서 전달하는 불편함 없이 URL 하나만 전달하면 서로 편하다. 기자는 URL만 전달 받으면, 위 자료를 모두 다운로드할 수 있기 때문이다.

USB 프레스 키트
기자들만 모이는 미디어 이벤트에 참석한다면 USB에 위의 자료를 넣어서 USB 프레스 키트를 만든다. USB 겉면에는 회사 로고를 찍어준다. 행사장에서 기자에게 회사에 대한 자료가 모두 들어 있는 프레스 키트라고 소개하며 나눠준다.

기자 요청 자료 만드는 방법

기자들은 기사 취재를 위해 홍보 담당자에게 전화 혹은 이메일로 회사 및 제품 관련 자료, 제품 관련 산업에 대한 자료를 요청한다. 이런 자료 요청을 받으면 신속하게 작성해서 전달해야 하며, 그날 기사가 나가야 하는 경우에는 몇십 분, 혹은 한두 시간 내로 답변해야 우리 제품의 이야기가 기사화될 수 있다. 업무시간을 지난 늦은 저녁, 주말에 기자로부터 연락이 올 때도, 바로 자료를 작성해서 전달해야 한다. 해외 기자가 문의한 경우에 언제까지 자료를 달라는 이야기가 없더라도, 가능하면 질문을 받은 당일 혹은 다음날 답변을 정리해서 보낸다.

　필자는 보도자료를 배포한 후 미국 포브스 기자로부터 제품에 대한 질문을 메일로 받은 적이 있다. 질문에 대한 답변을 정리해 전달한 후, 이런 트윗을 받았다.

"정말 인상 깊었다. 한국에 있는 홍보 매니저를 칭찬해주고 싶다. PR은 이렇게 하는 거다. 도움 줘서 고맙다."

미국 포브스 기자에게 받은 트윗 캡쳐

생각지도 못한 피드백에 기분이 좋았지만 놀라기도 했다. 왜냐면 스스로 생각했을 때 대단한 자료를 작성해서 전달한 것이 아니었기 때문이다. 그래서 왜 이런 피드백을 받았는지에 대해 생각해보았다. 자료를 요청 받았을 때 제대로 정리해서 전달하는 홍보 담당자가 의외로 많지 않기 때문이 아닐까?

홍보 담당자는 국내 기자들의 질문이 들어올 때는 보통 전화나 문자로 충분히 설명해가며 답변할 수 있다. 하지만 해외라면 이메일로 전달해야 하는 경우가 많을 것이다. 아무래도 '글'로만 정리해서 보내줘야 하기 때문에 내용을 '잘' 정리하지 않으면 쉽게 이해하기 어려울 수도 있다.

'잘' 정리한다는 것은 상대방이 우리 회사 및 제품에 대해 전혀 모른다고 가정하고, 자료를 한 번 보더라도 이해할 수 있도록 간결한 포맷으로, 이야기 흐름에 맞춰서, 쉽게 풀어 설명해주는 것을 의미한다.

기자 요청 자료 작성

1. 몇 가지 질문을 받았을 때 이야기 흐름을 생각하며 질문 순서와 답변을 정리한다.
2. 쉽게 풀어서 쓴다. 새로운 기술이 들어간 제품이라면 그 기술 및 작동 방법 등이 생소할 수 있다. 전문용어는 충분히 풀어서 설명하고, 작동 방법도 처음 읽어보는 사람도 이해할 수 있는 수준으로 쓴다.
3. 한눈에 볼 수 있는 표를 사용해서 정리한다. 예를 들어 투자에 관해 물어본다면 투자를 받은 투자처, 투자 금액 등을 연도별 표로 작성해서 보내준다.
4. 이해에 도움이 될 수 있는 사진도 설명 글에 함께 넣는다.

5. 요청을 받지 않았어도 이해하는 데 도움이 될 만한 자료, 예를 들어 짧은 동영상 링크 등을 넣어준다.
6. 이메일로 전달할 때, 파일 첨부와 더불어 답변 내용을 메일 바디에도 붙인다. 첨부파일을 열지 않고도 내용을 파악할 수 있고, 혹시나 첨부 파일이 열리지 않는 경우를 대비하기 위함이다.
7. 무조건 많은 자료를 보내는 것이 중요한 것이 아니라, 간결하면서도 이해하기 쉬운 설명, 이해에 도움이 되는 자료를 첨부하는 것이 중요하다.

블로그 콘텐츠 기획하는 방법

홍보 담당자는 주로 언론홍보를 담당하지만 회사에 따라서 블로그 콘텐츠를 기획하고 운영하는 업무를 맡을 수 있다. 블로그를 어떻게 만들고, 순위를 높이고, 운영하는지에 대한 내용은 그 분야의 전문가가 많으니 그 부분은 다른 책을 참고하면 된다. 필자는 블로그의 콘텐츠 주제를 어떻게 잡고, 쓰는지에 대해 이야기하겠다.

언론홍보, SNS 등의 채널은 글의 포맷, 내용, 분량 등에 제약이 있지만 블로그는 회사에 대해, 제품에 대해 하고 싶은 말을 마음껏 하면서 알릴 수 있다는 장점이 있다. 그렇다고 구구절절, 두서없이, 기획 없는 글을 써도 된다는 것은 아니다.

1. 블로그 사용의 장점

검색 상위 노출을 통해 판매로 이어질 수 있다

홍보 담당자는 블로그에 잠재 고객들이 관심을 가질 만한 회사 및 제품 관련 유용한 정보를 기획해서 포스팅한다. 블로그 글에는 다양한 핵심 키워드가 들어있는데 이를 통해 잠재고객들이 우리 회사와 제품을 포털사이트에서 검색 가능하게 만들 수 있다.

또한 사람들이 제품과 관련 키워드를 찾아볼 때, 회사 블로그 글이 검색창에 뜬다면 회사 및 제품에 대해 알게 되는 계기가 될 뿐만 아니라, 제품 문의와 구매로 이어질 수도 있다. 지속적으로 전문적인 내용의 콘텐츠를 올린다면 검색이 잘 되는 것은 물론 장기적인 관점에서 브랜드를 구축하며 잠재 고객들로부터 신뢰도 쌓을 수 있다.

산업에 대한 홍보 담당자의 전문성이 향상된다

홍보 담당자가 회사와 제품과 관련한 산업 트렌드, 기술의 변화와 흐름, 시장의 문제점과 해결책 등에 대해 글을 쓰기 위해 공부하다 보면, 그 분야의 전문성이 향상된다. 업계에 대해 많은 지식을 가지고 있으면 기자들하고 대화하면서도 많은 정보를 제공할 수 있기 때문에 기자들은 관련 취재가 있을 때 그 홍보 담당자를 찾게 된다. 자신의 역량도 쌓고, 기자로부터 신뢰도 쌓는 일석이조의 효과를 볼 수 있다.

잠재 고객과 소통하는 채널이 된다

기업은 블로그라는 채널로 잠재 고객들에게 친근하게 다가갈 수 있고, 고객은 회사와 제품에 대해 알아가면서 궁금한 점을 물어보고, 제안하고 싶은 부분을 이야기할 수 있다. 댓글, 좋아요, 공감 수를 보면서 고객들이 어떤 콘텐츠에 관심이 있는지도 알 수 있고, 그들의 니즈를 엿볼 수 있다. 기업은 블로그를 통해 고객과 소통하고 이에 기민하게 대응하다 보면 고객맞춤 제품과 서비스를 제공할 수 있다.

회사의 기록 저장소 역할을 한다

홍보 담당자는 기업 블로그를 통해 회사 복지, 조직문화, 회사 구성원 등 회사 내부의 이야기를 포스팅할 수 있으며, 이러한 내용은 그 스타트업에 대해 궁금해하는 사람들에게 긍정적으로 작용할 수 있다.

또한 블로그에는 회사 뉴스, 회사 이벤트 등 회사에서 일어나는 다양한 이야기가 저장되어 있기 때문에 회사의 역사를 한눈에 볼 수 있는 기록 저장소 같은 역할을 할 수 있다.

2. 블로그 컨텐츠

블로그를 작성할 때는, 어떤 톤 앤 매너로 쓸 것인지를 먼저 정해야 하며, 글을 분량, 글의 분위기, 어조 등도 일관성을 유지한다.

블로그 콘텐츠 목록

1. 회사 소개
2. 제품 소개
3. 고객에게 유용한 정보
4. 실제 제품 사용자 후기
5. 회사 직원 소개

회사소개

회사 및 제품에 대한 새로운 소식은 보도자료를 참고해서 쓰면 된다. 이미 작성해놓은 보도자료라는 좋은 글 재료를 수정 및 보완해서 블로그 글 형태로 바꿔본다. 딱딱하고 사실 위주로만 구성된 보도자료를 글의 톤도 친근하게 바꾸고, 의견도 더 넣고, 회사를 자랑하는 내용을 첨가해 포스팅한다.

회사의 조직문화 역시 블로그를 통해 소개할 수 있다. 이제는 조직문화가 구직자들이 입사할 때 매우 중요하게 고려되는 요소이기 때문에 회사 내부의 직원들을 위한 이벤트, 자랑하고 싶은 복지정책 등을 이야기한다. 이런 글을 통해 이 회사에 다니고 싶게 만드는 것이다.

또한 채용공고를 올리는 채널 중 하나로 활용할 수 있다. 회사도 어떤 사람을 원하는지에 대한 인재상을 올림으로써 더욱 적합한 인재를 찾을 수 있다.

제품 소개

제품의 장점을 부각한 글을 쓴다. 기획기사는 다른 제품과 함께 우리 제품을 소개하는 것이지만 블로그에는 우리 제품의 강점에만 초점을 맞춰 쓸 수 있다. 예를 들어 회사 제품이 인공지능 기술을 탑재하고 있다면, 데이터를 어떻게 모으고, 알고리즘이 어떻게 작동하는지, 인공지능의 분석이 고객에게 어떤 혜택을 줄 수 있는지에 대한 내용을 상세하게 풀어 쓸 수 있다.

또한 경쟁사를 언급하지 않더라도, 현재 시장에 있는 제품에 비해 우리 회사 제품의 차별점에 대한 설명도 자세히 쓸 수 있다. 이렇게 한 개씩 포스팅하다 보면 홍보 담당자도 제품 및 관련 산업에 대한 지식을 넓힐 수 있다.

고객에게 유용한 정보

우리 제품을 사용할 잠재 고객들이 필요로 하거나, 알면 좋을 것 같은 내용을 기획한다. 예를 들어 제품이 의료기기라면 그 의료기기를 사용하는 환자, 보호자를 위해 특정한 병명에 대한 지식을 전달하는 정보성 글을 쓸 수 있다. 그 병을 예방할 수 있는 방법, 그 병을 극복할 수 있는 방법, 그 병에 좋은 음식들, 그 병을 극복하는 마인드 컨트롤 방법 등에 대해 적는다. 회사가 타깃으로 삼고 있는 고객들에게 유익한 정보, 알고 싶은 정보를 항상 공부한다.

또 다른 예로 회사가 부동산 서비스를 제공한다면 부동산에 관련한 정보를 가공해서 알려준다. 2030을 겨냥해 '원룸, 투룸을 잘 고르는 몇 가지 방법'이라든가, '어느 지역이 어떤 부분에서 살기 편리하다.' 등을 동네마다 정리할 수도 있다. 또한 특정 동네의 맛집을 정리해서 알려줄 수도 있다.

실제 제품 사용자 후기

실제 제품을 사용하고 있는 고객들이 우리 제품을 사용할 때 어떤 점이 편리한지, 어떤 점을 좋아하는지에 대한 인터뷰를 바탕으로 내용을 작성한다. 직접 고객에게 후기 작성을 요청할 수도 있고, 홍보 담당자가 고객 이야기를 듣고 정리할 수도 있다. 이러한 내용 공개는 당연히 고객의 동의를 받고 진행해야 한다. 고객이 제품을 사용하는 사진 및 동영상을 찍어서 그 부분을 함께 포스팅한다.

어떤 제품은 그 제품을 구매하고 사용하는 데 다양한 이해관계자가 있을 수 있다. 부동산 앱의 경우 공인중개사, 개인 유저 등이 있을 수 있으며 이들의 시각으로 각각 제품의 장점을 설명하면 된다.

또한 연령별, 성별 특성에 따라 제품의 장점을 달리 볼 수 있으므로, 이러한 점도 고려해 인터뷰를 진행하면 내용이 더욱 풍부해질 수 있다.

회사 직원 소개

회사 생활에서 중요한 부분 중 하나는 '같이 일하는 사람들'이다. 블로그 콘텐츠를 통해 우리 회사에는 어떤 사람들이, 어떤 일을 하는지, 그 일을 어떻게 하는지 알려줄 수 있다. 무엇보다 그 회사 직원들의 말을 통해 각 부서에서 어떤 일을 하는지 알게 되면, 비슷한 업무를 희망하는 구직자에게 보다 정확한 정보를 줄 수 있고, 회사도 그 업무에 적합한 사람을 채용하며 시행착오를 줄일 수 있다.

또한 홍보 담당자가 대표의 철학과 비전을 정리해 지속적으로 콘텐츠를 만들어 공유한다. 회사의 과거, 현재, 미래를 가장 잘 알 수 있는 방법은 바로 대표의 생각을 듣는 것이기 때문이다.

블로그 콘텐츠 작성

1. 블로그 콘텐츠를 작성하기 전 포털 사이트에서 관련 검색이 가능하도록 키워드 리스트를 작성한다.
2. 사람들이 검색했을 때, 우리 회사 블로그 콘텐츠를 찾아볼 수 있도록, 글 제목에 핵심 키워드를 넣는다.
3. 블로그 콘텐츠 내용에도 자연스럽게 키워드 3~5개를 녹여서 작성한다.
4. 블로그 글은 더 많은 사람들이 볼 수 있도록 SNS(페이스북 등) 채널을 통해 공유한다.

홍보 담당자의 기타 업무

홍보 담당자의 기타 업무로는 다음과 같은 것들이 있다.

회사 홍보 아이템 1개를 가지고 보도자료, 기획기사, 블로그, SNS 콘텐츠, 뉴스레터 등 다양한 방식으로 풀어낼 수 있다. 같은 내용일지라도 각 채널의 특성을 고려해 내용 구성을 바꾸고, 톤을 달리하며, 레이아웃, 이야기의 흐름을 변형해서 콘텐츠를 작성한다.

또한 이미 작성되어 있는 다양한 콘텐츠, 예를 들어 회사 미션, 비전, 회사 뉴스, 제품 소개, CEO 이력 등을 바탕으로 수정, 보완해 콘텐츠를 작성하면 보다 효율적으로 일할 수 있다.

앞에서 이야기했듯, 스타트업에서 홍보와 마케팅 업무에 대한 경계가 불명확할 때 홍보 담당자가 많은 일을 소화해야 되는 경우가 있다. 홍보와 마케팅 영역 안에서 다양한 업무를 맡는 것은 좋은 경험이기도 하지만 힘이 많이 든다.

그래서 업무 초반에, 대표와 함께 홍보 담당자로서 어떤 일을 핵심으로 진행할 것인지, 몇 가지 업무를 할 것인지에 대해 논의하고 일을 시작하는 것이 필요하다. 그들도 홍보 일에 대한 이해가 부족해 많은 일을 지시할 수 있는데, 일을 다 받다 보면, 감당이 안 되는 경우가 생길 수 있고, 각각의 업무를 깊이 있게 진행하기 어려울 수 있다. 물론 자신이 업무 확장을 원한다면 더 넓은 범위의 일을 맡겠다고 자청할 수 있다.

보통 1인 홍보팀이라면 홍보 담당자들은 언론홍보를 중점적으로

- 회사 웹사이트 콘텐츠 기획 및 제작
- 회사 및 제품 소개 브로슈어, 리플릿 기획 및 제작
- 회사 및 제품 소개 동영상 기획 및 제작
- 내부 직원, 외부 고객을 위한 뉴스레터 기획 및 제작
- SNS 채널 콘텐츠 기획 및 제작, 관리 등

홍보 담당자의 기타 업무

일하고, SNS 등의 관리는 마케팅팀에서 진행한다. 물론 홍보 담당자는 타 유관 부서와도 긴밀하게 협력하며 지속적인 커뮤니케이션을 해야 한다.

05
기자 관계 구축

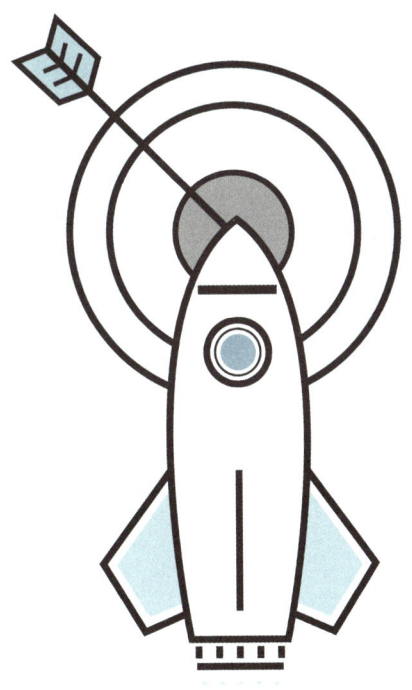

5장 .. 기자 관계 구축

기자 관계 구축이 필요한 이유

기자들은 하루에 대략 30~100개의 이메일을 받는다. 이런 이메일 홍수 속에서 내가 만든 보도자료가 살아남아 기사화되기 위해서 기자와의 관계 구축은 필수적이다. 최소한 기자가 메일을 보내는 홍보 담당자의 회사 이름, 제품은 알고 있어야 자료를 보내면 한 번이라도 보게 되고 기사화 가능성이 높아지기 때문이다.

  기자는 전혀 알지 못하고, 들어보지도 못한 회사 및 제품에 대한 기사를 쓰는 것보다, 이미 신뢰가 있는 회사 및 제품에 대한 기사를 쓰는 경향이 있다. 그렇기 때문에 홍보 담당자가 다양한 매체의 기자를 한 번이라도 만나는 등 관계 구축을 위해 노력한다면 회사 및 제품 관련 기사는 점점 늘어날 것이다. 이를 위해서는 기자 미팅을 이해할 필요가 있다.

스타트업 홍보에서 기자 미팅이 중요한 이유는 아직 아무도 우리 회사가 어떤 회사인지 모르기 때문이다. 기자들과 점심 미팅, 커피 미팅 등을 통해 회사를 소개하고 제품을 알려야 기사화가 되고 점점 더 많은 사람들이 우리를 알게 된다. 영업사원이 고객을 찾아가서 제품에 대해 설명하는 것과 마찬가지로, 홍보 담당자는 회사, 제품, 대표에 대한 풍부한 이야기를 기자와의 미팅자리에서 풀어놓아야 한다.

홍보 담당자는 미디어 리스트를 만든 후, 그것을 토대로 기자에게 연락해서 점심 미팅을 제안한다. 그리고 그 미팅을 통해 회사, 제품 등을 소개하게 된다. 기자 미팅은 홍보 담당자마다 다르지만 다양한 매체의 기자와 주 2~3회 정도로 진행한다. 어떤 홍보 담당자는 주 5회로 하기도 하고, 저녁 약속을 잡기도 하는데 이는 업무량을 고려해서 스스로 정하면 된다.

기자들과 미팅을 가져야 할 때, 어떤 기자를 만나야 할지 모를 수 있다. 기자는 정치부, 경제부, 사회부, 산업부, 중소기업부(벤처사업부), 제약바이오부/의료기기부, IT부, 연예부, 스포츠부 등 각 출입처를 담당하는 부서에 속해 있다. 홍보 담당자는 우리 회사의 제품에 맞는 출입처 기자를 찾아 연락을 해야 하는데, 예를 들어 우리 회사가 헬스케어 제품을 만드는 스타트업이라면 제약바이오부/의료기기부 기자와 중소기업부(벤처사업부) 기자를 컨택하면 된다.

필자도 처음에는 의료기기부 기자를 컨택해야 할지, 중소기업부 기자를 컨택해야 할지를 고민했었다. 결국 한 매체의 두 부서의 기자를 다 컨택해 자료를 모두 보내고, 기자들과 각각 미팅을 진행했다.

우리 회사 및 제품이 기사화가 된다면 어디에 더 맞는 부분인지를 매체 내부적으로 판단해서 나가기 때문에, 가능하다면 적극적으로 우리 회사와 관련된 많은 기자들을 만나는 것을 추천한다.

또한 관계 구축이라 함은 한 명의 기자를 한 번 만났다고 끝난 것이 아니라 1년 동안 몇 개월의 텀을 두고 대략 2회 정도 만나면서 지속적으로 우리 회사 및 제품에 대한 새로운 소식을 전하는 것이다. 또한 직접 만나지 않더라도 지속적으로 이메일, 전화, 문자 등으로 안부 및 회사에 대한 이야기도 전한다.

참고로 점심 식사비, 커피값은 홍보 담당자가 결제하며, 김영란법에 따라서 1인당 3만원을 넘지 않는다. 또한 기자 미팅은 기자가 근무하거나 출입하는 곳에 따라 광화문, 여의도, 강남 등 다양한 곳에서 할 수 있다. 기자가 원하는 지역을 선택하고, 물어보고 조율할 수도 있다.

식당은 기자와 이야기를 나누면서 식사할 수 있는 깔끔한 음식점이면 된다. 예를 들어 필자는 광화문 파이낸스센터와 디타워, 여의도 IFC몰, 강남 교보타워 등에 위치한 식당에서 대부분의 기자 미팅을 진행했다.

또한 저녁식사 혹은 술자리를 갖는 경우도 많은데 이는 선택이다. 필자는 거의 모든 기자 미팅을 점심에 진행했으며, 개인적으로 친분이 쌓인 한두 명의 기자와 아주 가끔 저녁식사를 하는 정도였다. 대기업 홍보팀의 경우에는 자주 기자들과 술자리를 가질 수 있지만, 이러한 분위기도 많이 바뀌고 있으며 자신의 업무 환경, 상황, 필요에 따라 선택해서 진행하면 된다.

미팅 후 '미팅을 했으니 꼭 기사가 바로 나와야 해!', '왜 기사를 안 내주는 거야?'라고 생각하면 금물이다. 미팅의 최우선인 목적은 기자에게 회사, 제품을 소개하는 것과 기자와 관계를 구축하는 것이다. 지금 당장은 기사화가 되지 않더라도, 추후 보도자료를 배포한다거나, 기획기사 등을 제안할 때 기사화가 될 가능성이 훨씬 높아진다. 기자 미팅 후 기사가 나오기까지 시간이 걸릴 수 있으니 인내심을 갖도록 하자.

필자도 기자들과 미팅을 하고 바로 기사가 나오지 않는 경우도 많았다. 하지만 계속 연락하고, 자료를 보내니 기자들이 우리 회사를 기억하고 있다가 의료기기 관련 기사를 쓸 때 우리 회사와 제품에 대해 관련 취재를 하고, 기사를 내준 적이 많이 있다. 또한 보도자료를 배포했을 때 관계가 있다면 한 번 더 신경 쓰고 기사화해주기 때문에 이런 관계가 중요하다.

기사화 – 기사가 나오는 데 비용이 발생할까?

홍보 담당자가 좋은 스토리를 가지고 기자에게 연락한다면, 기자도 그 스토리가 독자에게 유익하다고 생각이 들면 기꺼이 그에 대한 기사를 써준다. 보도자료, 기획기사 등이 기사로 나오려면 혹시 비용이 발생하지 않을까 걱정하는 신입 홍보 담당자들이 있는데 절대 그렇지 않다. 하지만 기사가 그냥 나온다고 생각하면 오산이고, 그 이면에는 홍보 담당자의 기사 발굴, 기자와의 관계 구축을 위한 피, 땀, 눈물이 있다.

물론 가끔씩 매체에서 먼저 대표 인터뷰 혹은 기사를 제안하고, 추후 광고 및 협찬을 요청하는 경우도 있다. 기자로부터 먼저 인터뷰, 기사 등을 제안 받는다면 정확하게 확인하고 진행한다. "기자님, 혹시 이 부분 유가로 진행이 되나요?", "혹시 추후에 비용이 발생하나요?"라고 정중하게 물어본 뒤 그렇다고 하면 비용을 확인하고 필요에 따라 진행할지 말지를 결정하면 된다.

비용 발생 여부에 대해 물어봤을 때 "인터뷰에는 비용이 발생하지 않지만, 잡지 인쇄 등을 위한 소정의 협찬비가 들어갈 수 있다."라고 돌려 말하는 경우도 많다. 이러한 경우는 비용이 발생하는 것임을 명심하자.

필자도 외국계 기업에 근무할 때, 어떤 잡지에서 CEO 인터뷰를 요청했는데, 인터뷰가 끝난 뒤 협찬비를 요구해 곤란한 적이 있었다. 그때는 이미 대표와 인터뷰가 다 끝난 뒤라 무를 수가 없어서 어쩔 수 없이 비용을 지불했는데, 그 이후로는 먼저 제안을 받으면 무조건 비용 발생 여부를 확인했다.

만약 확인 후 비용이 발생한다면 "죄송하지만 저희가 스타트업이라 예산이 부족해서 진행하기 어렵습니다.", "현재 저희가 유가는 진행하고 있지 않아서요.", "저희가 스타트업이라 아직 돈이 많지 않아서요. 양해 부탁 드려요."라고 앓는 소리를 하면 된다. 그들도 스타트업이기 때문이 돈이 없다는 것은 잘 알고 있어 강요하는 경우는 거의 없다.

미디어 리스트 만드는 방법

회사에서 영업담당자들이 제품을 고객에게 세일즈를 한다면 홍보 담당자들은 '스토리'를 세일즈한다. 그래서 영업 담당자들이 고객을 만나서 제품을 설명하듯, 홍보 담당자들도 기자들을 만나 우리 회사와 제품에 대한 이야기를 한다. 영업을 하기 위해서는 잠재 고객 리스트가 있어야 하는데, 이와 마찬가지로 홍보 담당자들은 기자 리스트, 즉 미디어 리스트를 만들어야 한다.

우리 회사 산업 분야부터 확인한다

먼저 우리 회사 제품과 관련한 출입처를 확인한다. 우리 회사 제품이 의료기기부, 중소기업부, IT부 등에 모두 해당된다면 한 번에 모든 부서를 정리하고 컨택하기에는 현실적으로 어려움이 있을 수 있으니, 가장 핏이 잘 맞는 부서를 선택하고 추후에 점차 넓혀나가면 된다. 예를 들어 의료담당 기자들한테 먼저 소개를 하고 이후에 중소기업부 기자로 리스트를 넓혀가는 것이다.

또한 어떤 이야기를 하고 싶은가에 따라서도 연락하는 부서가 달라진다. 예를 들어 우리 회사 제품을 IT 쪽으로 더 강조하고 싶으면 그 스토리에 맞는 IT 기자에게, 의료기기 속성에 포커스하고 싶으면 의료기기 담당기자에게 연락하면 된다. 어느 쪽인지 모를 때는 우선 기자들을 만나서 물어보면, 이쪽 부서 기자를 찾아가는 게 더 맞다고 조언해준다.

매체를 리스트업한다

일간지, 경제지, 주간지, 지역신문, 전문지, 방송사 등 우리 회사와 관련 있고, 우리 회사 제품이 소개되면 좋겠다고 생각하는 매체 이름을 리스트업한다. 어떤 매체가 있는지 모를 경우 구글에 '대한민국 신문사'라고 검색하면 뉴스바다, 위키백과 등 전체 매체 리스트를 볼 수 있는 사이트들이 뜨니 참고하면 된다.

대한민국 신문사. 출처: www.newsbada.com

각 매체의 담당 기자를 찾는다

이제 특정 매체 웹사이트에 들어가서 담당 기자를 찾는다. 예를 들어 중앙일보 기자를 찾는다면 중앙일보 웹사이트에 들어가서 우리 회사와 관련된 키워드를 검색한다. 핸드폰 회사라면, 스마트폰, 아이폰, 갤럭시 등을 키워드로 검색한다. 그와 관련한 기사를 클릭해서 들어가면, 그 기사에 기자 이름과 이메일이 적혀 있다.

기자에 이메일을 보내거나 전화를 해 미팅을 제안한다

기사에 적혀 있는 이메일로 회사 및 제품을 소개하고 미팅을 제안한다. 하지만 일면식도 없는 상태에서 이메일을 보내면 안 볼 가능성이 매우 높다. 그렇기 때문에 직접 기자 핸드폰으로 전화해야 한다.

그렇다면 개인 핸드폰번호를 어떻게 알 수 있을까? 매체 웹사이트에는 대부분 아래쪽에 대표 전화번호가 적혀 있다. 그 번호로 전화해서 어떤 부서의 어떤 기자에게 회사와 제품을 소개하고 싶으니 연결해달라고 하거나, 핸드폰 번호를 알려달라고 한다.

만약 그 담당기자가 사무실에 있으면 바로 연결되어서, 이야기를 나누고, 연락처를 물어볼 수 있다. 보통 직접 연결이 되면 핸드폰 번호는 바로 알려주는 편이다. 필자도 몇 번 그렇게 해서 연락처를 받고 미팅을 가진 후 바로 기사로 이어진 적이 있었다.

하지만 대표 번호로 전화했을 때 담당 기자가 사무실에 없다면, 보통 핸드폰 번호를 알려주지 않는 경우가 많기 때문에, 추후 다시 대표 번호로 전화할 수밖에 없다. 원초적인 방법으로 시간과 노력이 많이 들지만 이렇게 미디어 리스트를 작성하는 것이 가장 기본적인 방법이다. 또한 기자들은 부서가 1년 혹은 2년마다 바뀌기 때문에 지속적으로 미디어 리스트를 업데이트해야 한다.

미디어 리스트업은 추후에 경력이 쌓이면서 기자나 업계 사람들의 네트워킹을 통해 점차 넓혀갈 수 있다.

엑셀 파일에 정리해둔다

엑셀 파일에 매체 종류, 매체 이름, 기자 이름, 이메일, 전화번호 등의 정보를 정리해놓는다. 또한 기자들을 만나서 무슨 이야기를 했는지 다 기억하기 어려울 수 있으니 추후 팔로업할 수 있도록 언제 만나서 어떤 이야기를 나눴는지 적어놓는다.

예를 들어 날짜(몇 월 며칠), 매체 이름, 기자 이름을 각 탭에 넣고, 그다음에 탭에 코멘트를 정리해놓는다. 그 기자에게 회사를 소개했다든지, 그 기자가 제품에 관심을 보였다든지, CES에서 만나기로 했다든지 등 함께 나눈 이야기를 정리해놓는다. 이렇게 해놓으면 추후에 다시 이야기를 꺼낼 때, "그때 CES 부스 방문 가능하다고 했었는데, 몇 월 며칠이 괜찮을까요?" 혹은 "그때 소개한 제품에 대해 이렇게 자료를 만들어보았는데 어떠세요?" 등 그다음 스텝으로 넘어가며 구체적인 이야기를 할 수 있다.

기자 미팅

이제 기자 미팅을 통해 기자를 만나 우리 회사와 제품을 소개하는 실행 단계로 넘어가보자. 일면식도 없는 기자에게 연락하고, 만나서 관계를 쌓고, 이를 통해 기사가 나오는 과정을 실제 예시를 들어 설명하려 한다. 너무 두려워하지 말고 진행하길 바란다.

1. 기자 미팅 전 준비: 콜드 콜

홍보 담당자는 미디어 리스트업 후 미팅하고 싶은 기자에게 콜드 콜Cold Call을 한다. 콜드 콜이란 영업부서에서 전혀 거래가 없었던 새로운 고객에게 연락을 취하는 것을 말한다. 나를 모르는 상대방에게, 나의 필요에 의해 연락하고 목적에 따라 나를 어필하는 것을 의미한다.

홍보 담당자들은 '우리 회사의 존재'를, '우리 제품의 존재'를, '나라는 홍보 담당자'를 알리기 위해 기자에게 미팅을 제안한다. 기자들이 보통 회의, 취재, 기사 마감으로 바쁘게 하루를 보내기 때문에 점심시간에 만나서 이야기를 나누거나 오후에 커피를 마시면서 미팅을 진행한다.

전화를 걸어 "어떤 스타트업의 홍보 담당 누구인데, 만나서 인사드리고 우리 회사 및 제품을 소개하고 싶다."고 이야기한다. 필자도 스타트업에 들어와서 처음부터 모든 기자에 맨땅에 헤딩하면서 연락했고, 연락했던 기자의 70~80%와는 미팅을 바로 잡을 수 있었다. 기자는 보통 약속이 이미 차 있는 경우가 많기 때문에, 2주 후에 만날 것을 예상하고 약속을 잡는다. 이때 한 개의 날짜만 말하지 말고, 몇 개 후보 날짜를 주고 조율하면 된다.

물론 거절 당하는 경우도 있다. "지금 바쁘니 나중에 전화 주세요." 등의 답변을 받을 때는 우선 알겠다고 하고 끊은 뒤 이메일로 회사, 제품 자료를 보내고, 방금 전화한 어떤 스타트업의 홍보 담당자인데 자료를 보냈다고 문자를 한다.

그러고 나서 1~2주 뒤 다시 약속을 잡기 위해 연락한다. 필자도 최대 3번까지 연락해서 미팅을 잡은 적도 있으니 첫 번째에 안 됐다고 너무 상처받거나 낙담할 필요는 없다. 기자들이 홍보 담당자들이 싫어서, 귀찮아서가 아니라 진짜 바쁘기 때문인 경우가 많기 때문이다. '그럼 안 바쁠 때 연락해야겠다.'라고 단순하게 생각하면 된다.

들이대는 것도 중요하지만, 더 중요한 것은 매너 있게, 비즈니스 마인드로 꾸준히 들이대는 것이다.

솔직히 필자도 주니어일 때는 이런 미팅을 잡는 것이 고역이었다. 잘 모르는 사람에게 만나자고 전화하는 것도 어려웠고, 무슨 말을 어떻게 해야 할지도 잘 몰랐다. 모르는 사람한테 전화해서 미팅을 잡고, 밥을 같이 먹는 것도 부담스러웠고, 만나서 회사 소개를 하는 것이 마치 부탁하는 말 같아 그 자리 자체가 힘들다고 느껴졌다.

하지만 계속 이 일을 하면서 '비즈니스 마인드'를 기르게 되니 '내가 하는 이야기가 소비자들에게 유익한 정보이고, 기자도 좋은 이야기를 기사화할 수 있어서 서로 윈윈하는 것'이라고 생각하게 됐다. 이렇게 생각하니 기자에게 더 자신감을 가지고 편안하게 연락할 수 있게 되었다.

기자와 연락할 때

1. 긍정적인 반응일 때
기자: 여보세요.
스타트업 홍보 담당자: 기자님 안녕하세요. 저는 인공지능 재활기기를 만드는 스타트업 ABC사의 홍길동이라고 합니다.
기자: 네, 무슨 일이시죠?
스타트업 홍보 담당자: 다름이 아니라 제가 ABC사의 홍보를 맡고 있는데, 한 번 뵙고 인사드리고 싶어서요. 저희 회사와 제품을 소개드리고 싶고요.
기자: 아 네, 어떤 회사라고요?
스타트업 홍보 담당자: (여기서 회사 어필을 많이 해야 함) 저희 스타트업은 뇌졸중 환자들이 인공지능을 통해 재활훈련을 할 수 있는 제품을 만들고 있고, 얼마

전에는 CES 혁신상도 타는 등 해외에서도 주목을 많이 받고 있습니다. 혹시 점심 미팅 언제가 괜찮으세요?

기자: (관심이 있으면) 저는 다음 주 화, 수 정도 괜찮은데요.

스타트업 홍보 담당자: 그럼 다음 주 수요일에 찾아 뵐게요. 어디쯤이 괜찮으세요?

기자: 저는 그때 광화문 근처에 있을 것 같아요.

스타트업 홍보 담당자: 그럼 다음 주 수요일 12시 점심에 광화문에서 뵙기로 하고, 미팅 전날 미팅 장소 찾아보고 다시 연락드릴게요.

기자: 네 수고하세요.

2. 부정적인 반응일 때

기자: 여보세요.

스타트업 홍보 담당자: 기자님 안녕하세요. 저는 인공지능 재활기기를 만드는 스타트업 ABC사의 홍길동이라고 합니다.

기자: 제가 지금 바빠서요, 다음에 전화 주세요.

스타트업 홍보 담당자: 알겠습니다. 그러면 문자 먼저 보내드릴게요.

3. 문자 보내기

기자님 안녕하세요.

ABC사 스타트업 홍보 담당 홍길동입니다.

저희 ABC사는 뇌졸중 환자들을 위한 인공지능 재활기기를 만들고 있으며 CES 혁신상을 수상하는 등 해외에서도 주목을 받고 있습니다. 한 번 뵙고 인사드리고 싶은데 점심 미팅 가능한 날짜 알려주시면 감사드리겠습니다. 제가 이메일로 회사 및 제품 소개서를 보내드렸으니 참고 부탁드립니다.

4. 문자에 답이 없으면, 일주일 뒤 다시 전화를 건다

기자: 여보세요.

스타트업 홍보 담당자: 안녕하세요. 지난번에 전화 드리고 문자 드렸던 스타트업 ABC사 홍길동입니다.

기자: 아 네.

스타트업 홍보 담당자: 그때 말씀 드린 것처럼, 한 번 뵙고 인사드리고 싶은데 점심 미팅을 잡을 수 있을까요?

기자: (관심 있으면) 그러시죠.

(이후 날짜, 시간 장소를 잡고 미팅을 진행하면 된다. 만약 또 바쁘다고 끊으면 일주일 뒤 한 번 더 시도한다. 필자도 3번까지 시도해서 미팅을 잡은 적이 있는데, 미팅 며칠 후 바로 지면에 기사화가 된 적이 있었다. 안 될 것 같으면 같은 매체 다른 기자, 다른 매체 다른 기자에게 연락하면 되니 너무 상심하지 않아도 된다. 매체는 많고 기자도 많다.)

2. 기자 미팅 중

10분 정도 미리 가서 기자가 오면 인사를 나누고 명함을 교환한 뒤 자리에 앉는다. 준비를 하긴 했는데 막상 만나면 어색할 수 있다. 얼굴에 미소를 띠며 친근하게 "기자님, 먼저 시간 내주셔서 감사해요. 혹시 저희 회사랑 제품에 대해 들어보신 적 있으세요?" 혹은 "기자님, 기사 잘 보고 있어요(말로만 이야기하는 것이 아니라 실제로 기사를 보고 이야기해야 한다). 관련 기사 보고 저희도 찾아 뵙고 싶어서 이렇게 연락 드렸어요."라며 아이스 브레이킹을 한다. 이에 자연스럽게 준비한 자료를 건네며 다음과 같은 주제들로 이야기를 이끌어간다.

- 회사 소개
- 제품 소개
- 대표 소개
- 홍보 담당자 소개
- 인터뷰, 기획기사 제안

대화 주제

회사 소개

우리 회사가 언제 설립됐고, 어떤 고객 타깃으로 솔루션을 만들고 있고, 규모는 몇 명이며, 해외 비즈니스는 어떻게 하고 있는지 등의 설명으로 시작한다. 그럼 기자도 궁금한 부분을 질문하며 대화가 이어진다.

제품 소개

제품은 미리 꺼내놓고 소개한다. 스타트업 제품은 '백문이 불여일견 百聞不如一見'이다. 필자도 항상 제품을 들고 다니면서 직접 기자가 체험하게 하면서 설명했다. 인공지능, IoT 등을 말로만 설명하는 것은 한계가 있을 수 있으니 기자들이 미팅 자리에서 직접 사용해볼 수 있도록 만든다. 기자가 사용하다가 제품이 흥미롭다고 생각하면 기사를 쓰게 된다. 제품이 크고 무겁지 않은 이상 직접 가지고 다니는 것을 추천한다.

대표 소개

스타트업은 대표가 중요하다. 기자도 대표가 누구인지 궁금해한다. 우리 회사 대표의 약력을 숙지해서 소개한다. 그리고 대표가 어떤 이유로, 어떤 스토리로 이 회사를 설립했는지를 설명하며 회사의 미션과 비전을 함께 알려준다.

홍보 담당자 소개

기자는 자신과 연락하며 일하게 될 홍보 담당자도 궁금해한다. 홍보 담당자는 자신이 이전에 일했던 회사, 경력 등을 이야기하면서 자신을 소개한다. 홍보는 인공지능, 로봇과 함께 일하는 것이 아니고 모두 '사람'이 하는 일이기 때문이다.

인터뷰, 기획기사 제안

기자가 우리 회사와 제품에 대해 관심을 보이면 점심 미팅을 마무리할 즈음 대표 인터뷰를 제안해 볼 수 있다. 우리 회사, 제품, 대표 이야기가 충분히 흥미가 있었다면, 그 자리에서 인터뷰 날짜를 잡고 추후 진행이 가능하다. 기자가 먼저 인터뷰하자고 말할 때도 있다.

필자도 이렇게 첫 미팅에서 바로 대표 인터뷰로 이어져서 기사화가 된 사례가 종종 있었다. 또한 첫 미팅이 아니더라도 추후 두 번째 미팅에서 제안해볼 수 있으니 걱정하지 않아도 된다. 꼭 미팅이 아니더라도 미팅을 가졌던 기자에게 전화, 이메일 등으로 우리 회사에 이슈가 있을 때 대표 인터뷰를 제안할 수도 있다.

또한 미팅 자리에서 미리 써놓은 기획기사를 가져가서 앵글에 대한 생각을 물어보면서 기획기사를 제안해 본다. 기획기사를 써놓지 않았더라도, 앵글에 대해서만 물어보고 기사화로 괜찮을 것 같다고 하면 추후 기획기사를 써서 전달하면 기사화가 가능하다.

참고로 기자와 친분이 쌓이면 미팅을 하면서 회사 이야기보다 개인적인 이야기를 더 많이 할 때도 있다. 사람이 하는 일이기 때문에 이런 시간도 기자와의 관계에서 긍정적으로 작용한다.

기자 미팅 대화

1. 회사 및 제품 소개
홍보 담당자: 기자님 안녕하세요. 처음 뵙겠습니다.
       기자: 차장님, 안녕하세요. 처음 뵙겠습니다.
홍보 담당자: 바쁘실 텐데 시간 내주셔서 감사합니다. 저희가 스타트업이라 아직 많이 모르시는 분들이 많아서, 저희 ABC사, 디지털 솔루션을 소개하고 또 인사드리려고 이렇게 미팅을 제안드렸어요. 혹시 저희 회사에 대해 들어보신 적 있으신가요?
       기자: 아 네, 저번에 저도 이야기 듣고 궁금했습니다.
홍보 담당자: 저희 회사에 대한 소개를 간단히 해드릴게요. 저희는 2015년에 설립됐고, 재활훈련이 필요한 고객을 위한 솔루션을 만들고 있어요. 첫 제품은 2017년에 나왔고 … 기능과 장점은 이렇습니다.
       기자: (이야기를 듣고 제품에 대한 구체적인 질문을 한다.)
홍보 담당자: 제가 직접 보여드리고, 사용해 보시도록 제품을 가지고 왔는데, 보여드리면서 설명해 드릴게요. (직접 제품을 착용시켜주고 설명한다.)

2. 대표 소개
       기자: 대표님은 어떤 분이세요?
홍보 담당자: 대표님은 서울대를 졸업하시고, 대기업에 근무하시다가 스타트업을 창업하게 되셨어요. 본인이 이 시장에서의 문제점을 경험하고 이를 해결하고자, 이런 제품을 만들어야겠다고 결심한 것이죠. (창업 스토리를 설명하면 기자는 대표에 대해 더 질문할 것이다.)

3. 홍보 담당자 소개
       기자: 아 그렇군요. 그럼 홍보 담당자님은 어떻게 입사하게 되신 거예요?
홍보 담당자: 저는 이전에는 국제기구, 외국계 기업에서 근무하다가 이직했어요. 스타트업에서 도전적으로 일하면서 커리어적으로 더 성장할 수 있

을 것 같아서요. 그리고 이 회사의 미션과 비전이 좋아서 합류하게 됐어요. (자신의 경력 소개, 자신이 어떤 제품을 맡아 홍보를 해왔는지에 대해 소개한다.)

4. 인터뷰 제안
홍보 담당자: 바쁘신데 이렇게 시간 내주셔서 감사해요. 그리고 기자님, 혹시 저희 대표님 인터뷰 진행이 가능할까요?
　　　　기자: (이야기가 흥미가 있었다면) 네 그러시죠. 가능할 것 같네요.
홍보 담당자: 그럼 기자님 가능한 날짜 알려주시면 대표님이 가능한 날짜를 조율해서 진행해 보겠습니다. 감사합니다.

3. 기자 미팅 팔로업

미팅 후 팔로업도 중요하다. 미팅 자리에서 하드 카피로 전달했던 자료를 이메일로 다시 한 번 전달한 후 문자 혹은 카톡으로 자료를 보냈다고 알려준다. 자료를 보낼 때 제품 이미지도 꼭 첨부해서 전달한다.
　기자 미팅에서 기획기사를 제안하고, 기자가 한번 보내보라고 한다면, 완성된 자료를 전달한 뒤 바로 보냈다는 카톡을 한다. 이후 기사가 나오지 않는다면 1~2주 뒤에 한 번 더 확인하는 과정을 거친다. 또한 미팅에서 대표 인터뷰를 제안했다면, 대표 약력을 보내고, 정확한 인터뷰 날짜를 조율한 뒤 진행하면 된다.

기자 간담회

기자 간담회는 회사에 중대한 발표가 있을 때 기자들을 초대해서 기자들과 네트워킹을 구축하고, 커버리지 수를 극대화하기 위한 목적이 있다.

기자간담회 예시

- 신제품 출시 기자 간담회
- 회사 상장 기자 간담회
- 신사옥 설립 기자 간담회
- 부정적인 이슈에 대응하기 위한 기자 간담회
- 최신 혁신 기술 동향과 함께 회사 및 제품을 소개하는 기자 간담회
- 해외 본사 임원 방문, 국내 비즈니스 로드맵 발표 기자 간담회 등

1. 기자 간담회 기본 사항

기자 간담회는 보통 20~30여 명의 기자 참석을 목표로 잡는다. 행사를 진행하는 장소는 가능하면 기자들이 참여할 수 있도록 대중교통이 편리한 곳에 위치해야 하며, 장소 섭외는 날짜가 정해지면 최대한 빨리 진행하는 것이 좋다. 기자 간담회는 보통 호텔에서 진행하지만, 스타트업들은 비용적인 측면과 회사를 알릴 수 있다는 점을 고려해, 회사 내의 큰 회의실 혹은 강당을 사용하기도 한다.

기자간담회 행사 순서

시간	행사 진행
09:30 ~10:00	Welcome 및 자리 안내
10:00~10:10	사회자 인사말 회사 소개 동영상
10:10~11:00	회사 소개, 그간의 성과 소개 신제품 소개 및 사진 촬영
11:00~11:30	회사 비전, 비즈니스 로드맵 소개
11:30~12:00	질의응답 및 마무리
12:00~	식사, 식사 전후 개별 미디어와 대표 인터뷰 진행

　기자간담회를 위한 정해진 시간은 없지만 보통 오전 9시 30분에서 12시 사이에 진행한다. 간담회가 끝난 후 식사 및 다과를 포함해 2시간에서 3시간이 적당하다.

2. 기자 간담회 준비 및 진행 과정

기자간담회를 앞두고 3주 전에 초청할 기자 미디어 리스트를 업데이트한다. 어떤 매체의 어떤 부서, 어떤 기자를 초청할 것인지 작성한다. 이와 더불어 보도자료, 발표자료, 프레스 키트 작성을 시작한다. 현수막, 배너 등 행사 장소에 필요한 물품(131쪽 체크리스트 참고)도 준비하기 시작해야 한다.

　기자간담회 2주 전에는 업데이트한 미디어 리스트를 기반으로 기자들에게 초청장을 보낸다. 초청장에는 기자간담회 목적, 초대 문구,

기자 간담회 전체 아젠다, 기자간담회 시간 및 장소(약도 포함), 홍보 담당자 연락처를 포함한다. 이후 RSVP(Reponse sil vous plait)(회신 바랍니다.)를 진행하는데, 초대한 기자 각자에게 전화 및 문자로 이메일 초청장을 발송했다고 전달하고, 참석 가능 여부를 확인한다.

 1주 전에는 발표 자료, 보도자료, 프레스 키트 등 모든 준비 사항을 확인한다. 행사 전날에 참석할 수 있다고 답한 기자들에게 RSVP를 한 번 더 진행하고 참석 인원을 재확인한다. 하지만 당일 일이 생겨 기자들이 못 오는 경우가 빈번히 발생한다. 참석 가능하다고 답변한 기자 중 40~50%가 실제로 참여한다고 예상하면 된다. 물론 불참한다는 기자가 오는 경우도 있지만, 참석 가능하다는 말을 100% 믿고 그 숫자를 예상했다가 낭패를 보지 않도록 준비해야 한다.

 행사 당일 오전에, 행사를 진행하면서, 행사 사진을 첨부해 보도자료를 배포한다. 보도자료와 사진은 행사에 참석한 기자뿐만 아니라, 미디어 리스트에 있는 모든 기자에게 전달한다.

 기자 간담회 종료 후에는 참여 미디어 정리, 참여 기자 리스트, 기사 커버리지 결과물을 포함해, 기자 간담회 리포트를 작성한다. 또한 기사 내용을 보며 각 기사가 어떻게 나왔는지 핵심 메시지를 정리한다.

기자 간담회 체크 리스트

단계	준비 아이템	비고
기자 간담회 준비	미디어 리스트 업데이트	일간지, 경제지, 온라인, 전문 매체 등
	발표자료	프린트 준비
	프레스 키트 제작(FAQ 포함)	프린트 준비 URL 프레스 키트 준비
	미디어 리스트 기반 이메일 초청장 작성 및 발송	2회 발송 행사 2주 전, 전날
	미디어 RSVP	이메일, 전화, 문자 등
	보도자료	기자간담회에서 발표할 내용으로 작성된 보도자료
	참석 기자 선물 준비	김영란법 기준으로 준비
	현장 배치 인원수	발표자, 사회자, 진행 인원 등
	장소 예약	호텔 또는 회사 내 회의실 및 강당
	예상 인원 식사 준비	
	현수막, 포디엄 폼보드, X 배너 등	
	(필요에 따라) 통역사 섭외	
	와이파이	
	노트북, 빔 프로젝터	
	기타	마이크, 명함볼, 커피 및 음료, 주차권 등
기자 간담회 진행 중	참석 기자에게 프린트 자료 배포	발표자료 등
	행사 중 사진 촬영	
	행사 사진과 함께 보도자료 배포	참여 기자 및 기존 미디어 리스트에 있는 모든 기자
	각 테이블에 인원 배치해 식사 때 질의응답	
기자 간담회 완료 후	참여 기자에 감사 이메일 문자 또는 전화	
	기자 간담회 리포트 작성	행사 커버리지 리포트

06

해외 홍보

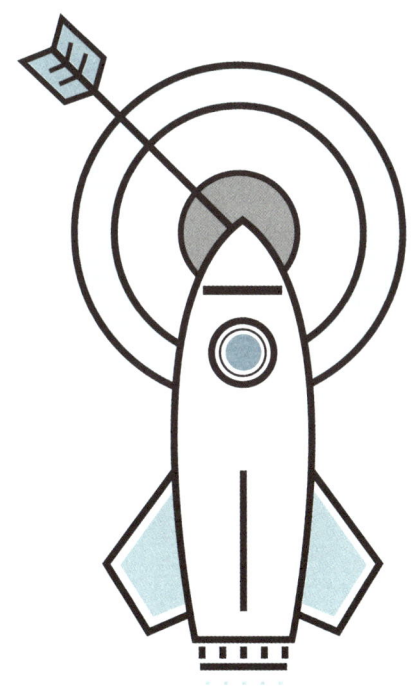

6장 .. 해외 홍보

해외 홍보 방법

글로벌 시장을 목표로 비즈니스를 하는 스타트업이 늘어나고 있다. 필자가 근무했던 스타트업도 미국 지사, 독일 지사를 초기부터 세우고 해외시장에 진출해 미국과 폴란드에서 홍보를 진행한 적이 있다. 해외 홍보는 국내 홍보와 어떤 점이 다르고 비슷할까? 각 나라의 언어, 문화 등을 고려하면서 홍보해야 하지만 디테일이 조금 다를 뿐 기본적으로는 매우 비슷하다고 보면 된다.

1. 영문 보도자료 작성 및 배포

언어만 다를 뿐, 국내 보도자료를 작성하는 것과 같이 영어로 작성하면 된다. 3장의 보도자료 작성법을 참고해서 쓰면 된다.

또한 미국 언론홍보를 위한 보도자료를 릴리즈할 때 PR Web, PR Newswire, Business Wire, 뉴스와이어 해외 서비스 등의 '배포 서비스'를 이용하면 된다.

하지만 보도자료 배포 서비스를 이용한다고 해도 기사화되지 않을 수 있다. 그럼에도 사용하는 이유는 잠재 고객이 우리 회사 및 제품 관련 단어를 검색했을 때 이 보도자료가 검색창에 노출되는 등 검색엔진 최적화SEO, Search Engine Optimization에 도움이 되기 때문이다.

예를 들어 홍보 담당자가 'ABC사, 뇌졸중 환자 위한 인공지능 재활 기기 출시'라는 보도자료를 배포 서비스를 통해 릴리즈했다고 가정해보자. 잠재 고객이 '뇌졸중', '재활기기' 등을 구글에 검색했을 때, 이 보도자료가 그대로 검색 포털에 떠있으니, 그 고객이 보고 관심을 가질 수 있다는 이야기다.

또한 어디서, 어떤 기자가 배포 서비스를 통해 보도자료를 받고 우리 회사와 제품에 관심을 가질지 모르기 때문이다. 만약 한 유명 매체 기자가 이 보도자료를 받고 기사를 쓴다면, 다른 매체에서도 연이어 소개될 가능성이 매우 높아진다. 더불어 이미 한글로 만들어 놓은 회사 소개서, 제품 소개서, 제품 동영상 프레스 키트 등의 자료를 모두 영어로 작성해놓고 추후 필요할 때 바로 쓸 수 있도록 준비해놓는다.

2. 기자 컨택

이메일로 연락

국내 기자를 검색하는 것처럼 그 매체에 들어가서 우리 회사와 관련한 산업, 제품에 대한 기사를 찾아, 그 기사에 적힌 이메일로 기자에게 컨택한다. 이메일 대신에, 기자 SNS 계정으로 연결되어 있는 경우에는 기자 SNS 개인 계정으로 회사와 제품을 소개하는 메시지를 보낸다. 기자는 자신의 SNS 계정에 자신이 쓴 기사를 올리는 경우가 많기 때문에, 그에 대해 '좋아요'와 지속적으로 댓글을 달면서 관계를 구축해간다.

또한 미국의 경우 ANewsTip, JustReachOut, HeyPress, Muck Rack 등 기자 검색 서비스를 활용해 우리 회사와 제품 카테고리에 부합하는 매체와 기자를 찾아 연락할 수 있다.

이메일 예시

Hi Susan

I've read your recent articles about Artificial Intelligence in medical device in Forbes and I thought you might be interested in our story.
We provide digital rehabilitation solution for stroke patients and the solution is equipped with AI too.
If you are interested, please reply to me or call me with this number, 111-1111.
I am hoping our story would be a perfect fit for your next article.

URL Presskit link:

Product video link:

Best,

해외 박람회

테크크런치 디스럽트^{TechCrunch Disrupt}, CES, 모바일월드콩그레스^{MWC} 등 해외 박람회에 참여해서 기자를 만난다. 필자는 샌프란시스코에서 열린 테크크런치 디스럽트라는 행사에서 일본 NHK 기자를 만났고, 회사와 제품 그리고 미국 지사에 대해 소개하니 마침 '실리콘밸리에 진출한 아시아 스타트업'을 찾고 있다고 했다. 그 자리에서 이야기가 잘 되어, 미국 지사를 촬영하고 NHK 다큐멘터리 프로그램에 30분 동안 방송되었다.

또한 같은 행사장에서 국내 영자신문인 '코리아 헤럴드'의 미국인 기자를 만났고, 한국에 돌아와서 대표 인터뷰를 추진했다. 이후에 이 기자가 코리아 헤럴드를 퇴사하고, 전 세계 매체에 기사를 제공하는 프리랜서 기자로 활동할 당시에 회사 신제품 스토리를 피칭했다. 그 래서 미국 IT 탑 티어 매체 매셔블^{Mashable}에 기사가 나올 수 있었다.

더불어 일본에서 열리는 파이어니어 아시아^{Pioneer Asia}라는 스타트업 행사에 참여할 때 일본 니케이 기자를 우리 부스로 안내하고 제품을 소개해 방송에 나간 적이 있었다.

미디어 이벤트

미국에는 CES Unveiled, Pepcom, ShowStoppers 등의 미디어 이벤트가 있다. 기자들이 초청되는 미디어행사에 기업들은 비용을 지불하고 부스를 세운다. 홍보 담당자는 이곳에서 전 세계 기자를 만날 수 있고, 제품을 소개하면 바로 기사화가 된다. 또한 이렇게 만난 기자들에게 지속적으로 회사와 제품에 대한 뉴스를 보내주며 관계를 구축할 수 있다. 필자도 이러한 이벤트에 참여해 미국을 포함한 다양한 국가에서 기사화를 시킨 경험이 있다. 또한 미디어 이벤트에 참여하면, 행사에 등록한 기자 리스트와 연락처를 보내주기 때문에 이를 계속 활용할 수 있다.

해외 홍보 에이전시와 일하는 방법

현지 홍보 에이전시(홍보대행사)를 이용하면 그 나라 언어, 문화, 매체, 기자에 대해 더 잘 알기 때문에 더욱 효율적으로 일할 수 있다.

홍보 에이전시를 이용해서 해외 홍보를 진행하기 전, 함께 업무 범위를 정하게 된다. 어디서부터 어디까지 업무를 맡길지는 정하기 나름이다. 물론 서비스 범위에 따라 가격이 달라진다. 먼저 업체가 일을 얼마나 잘하는지 경험해보고 더 일을 맡겨도 될지, 바꿀지를 결정한다.

1. 홍보 에이전시의 업무 활동 범위

홍보 에이전시와의 계약은 한 달 기준으로 보도자료 몇 건, 기획기사 몇 건 등의 언론홍보 활동을 기본으로 한다. 계약은 보통 최소 3개월 이상으로 체결한다. 추후 SNS 관리, 블로그 콘텐츠 작성 등의 업무를 확장해서 맡길 수 있다.

아래는 에이전시와의 계약서에 들어갈 수 있는 기본적인 홍보 활동 범위이다.

홍보 에이전시는 기사를 작성하고 배포하지만, 한 달에 '몇 개의 기사를 낼 것이다.'라고 보장하지 않는다. 기사는 기자가 써줘야 나가는 것이고, 이들은 기사가 나오기 위한 작업을 할 뿐이다. 하지만 그들도 기사가 나오는 성과를 내야 하기 때문에, 이 부분은 걱정하지 않아도 된다.

만약 지속적으로 기사화를 시키지 못한다면 계약을 연장하지 않는

아이템(홍보 활동)	기간
미디어 발굴 및 리스트 업데이트	지속적인 업데이트
미디어 컨택, 피칭	매일 진행
보도자료 작성 및 팔로업	필요할 때마다(예: 한 달 1번)
미디어 트레이닝	매체 인터뷰 연습과 피드백이 필요할 시
홍보 활동 리포트	활동 리뷰 및 계획을 포함한 일간, 주간, 월간 리포트 작성 및 보고

에이전시의 기본 홍보 활동 범위

다. 필자는 초반에 직접 해외 홍보를 진행한 후, 보도자료 1개 작성에 얼마를 지불한다는 형식으로 에이전시와 일을 하다가 조금씩 업무를 확대해갔다.

2. 홍보 에이전시와 커뮤니케이션하는 법

해외 홍보 에이전시와 함께 일하려면 홍보 담당자의 역할이 중요하다. 홍보 에이전시에 회사 및 제품에 대한 설명뿐만 아니라, 어떤 점을 부각시켜야 하는지, 우리 회사 메시지 방향은 무엇인지에 대해 알려줘야 하기 때문이다.

예를 들어 신제품이 출시되고 이에 대한 보도자료를 작성할 때, 제품의 특징과 장점, 메시지 포인트 등을 콘퍼런스 콜 혹은 이메일로 충분히 설명해야 한다. 홍보 담당자를 대신해 그 국가에서 홍보를 진행하기 때문에 인하우스 담당자만큼 대행사도 많은 정보를 가지고 있어야 다양한 상황에서 유연하게 대처할 수 있다.

이들과는 정기적인 콘퍼런스 콜을 하면서 지속적으로 커뮤니케이션한다. 콘퍼런스 콜은 스카이프Skype, 구글 행아웃Hangouts, 줌Zoom 등으로 진행하면 된다. 콘퍼런스 콜에서는 주간 및 한 달 동안의 홍보 활동을 리뷰하고, 앞으로 어떤 메시지를 강조하고, 어떤 매체에 컨택할지 등에 대한 이야기를 나눈다.

월간 콘퍼런스 콜

1. 홍보 에이전시: 지난달 홍보 활동 보고
   - 홍보 성과
   - 함께 리뷰하며 보완점 논의 → 홍보 담당자가 부족한 부분을 보완 요청

2. 홍보 에이전시: 이번 달 홍보 계획 제안
   - 보도자료, 기획기사 앵글
   - 홍보 매체 선정 및 기자 컨택 등
   - 홍보 담당자는 이번 달 계획을 듣고 더 강조해야 할 활동, 메시지 설명

3. 홍보 담당자: 향후 회사 및 제품 이슈 설명
   - 회사 및 제품에 대한 새로운 홍보 아이템
     (예: 신제품 출시 일정, 해외 박람회 참석 일정 등)
   - 강조하고 싶은 메시지
   - 추후 홍보 활동 및 계획에 반영할 사항을 홍보 에이전시에 요청

4. 기타 아이디어 회의
   - 새로운 홍보 아이디어
   - 새로운 홍보 채널 탐색 등

5. 마무리

성공하는 CES 홍보 방법

스타트업이 CES 등의 해외 유명 박람회에 참여하는 이유는 해외 잠재 바이어를 만나 제품을 소개하고 판매 계약을 맺을 수 있을 뿐만 아니라 해외 언론에 회사와 제품을 소개하고 기사화시킬 수 있는 좋은 기회가 되기 때문이다. 스타트업이 진출하고자 하는 나라의 미디어

에 회사와 제품이 소개되면, 그 나라에서 제품의 인지도가 향상되고 제품에 대한 문의를 유도할 수 있는 등의 긍정적인 효과가 나타난다.

지난 CES 2019년에는 전 세계에서 약 6,300여 명의 기자들이 참석해 22만 6,273건의 관련 기사를 쏟아냈다.

1. CES란

CES는 미국 소비자기술협회(CTA, Consumer Technology Association)가 주관하는 세계 최대 규모의 소비자 가전 전시회(CES, Consumer Electronics Show)다. CES 2019년에는 4,500개 이상의 기업이 참여했으며, 250개의 콘퍼런스 세션이 열렸고, 약 160여 개국에서 17만 5,000여 명 이상이 참석했다.

CES 행사장

1967년 미국 뉴욕에서 처음 개최된 후 지금까지 이어지면서 일상생활과 밀접한 소비자 가전제품은 물론 혁신 기술과 최신 기술 트렌드를 한눈에 볼 수 있는 권위 있는 행사로 자리매김했다. 최근에는 자율주행 자동차, 드론, 5G LTE, 인공지능 등 4차 산업 혁명 기술과 관련한 제품 전시로 화제를 모으고 있다. 1995년부터는 매년 1월, 미국 라스베이거스에서 개최된다.

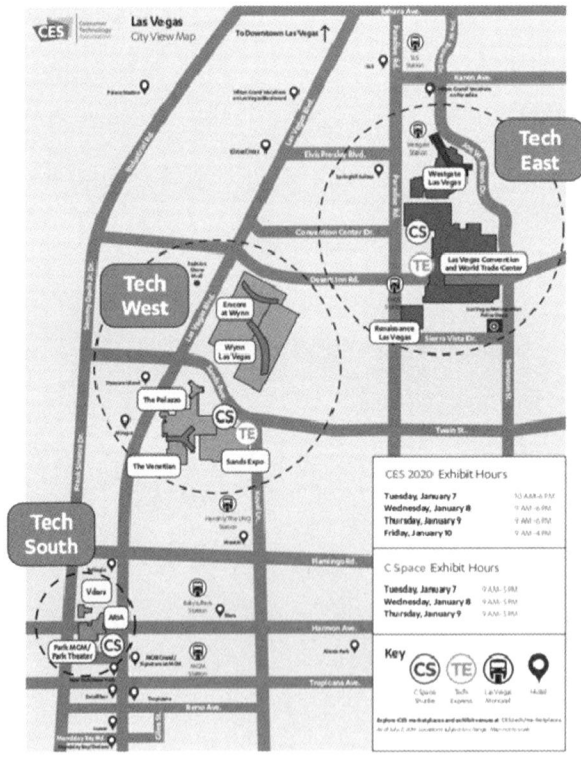

CES 행사장 지도, 출처: www.ces.tech

CES 전시장은 Tech East, Tech West, Tech South로 나뉘어 있다. CES에 참여하기로 결정했다면 회사 제품 카테고리에 맞는 전시 회장을 찾아봐야 한다. 각각의 전시장은 무료 셔틀로 이동할 수 있으며, 우버, 리프트 등의 차량 공유 서비스도 이용할 수 있다.

CES 행사장 위치. 출처: www.ces.tech

What Do You Want to See at CES?
Explore the show venues to familiarize yourself with CES locations.

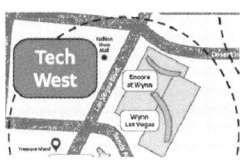
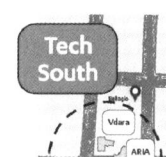

Tech East
- Las Vegas Convention and World Trade Center (LVCC)
- Westgate Las Vegas
- Renaissance Las Vegas

Tech West
- Sands Expo
- The Venetian
- The Palazzo
- Wynn Las Vegas
- Encore at Wynn (Encore)

Tech South
- ARIA
- Park MGM/Park Theater
- Vdara

CES 세부 전시장

- **Tech East 주요 전시회 장소: LVCC**(Las Vegas Convention and World Trade Center)
  – 주로 삼성, LG, 인텔 등의 대기업 전시를 볼 수 있다. 더불어 이곳에서 카메라, 디스플레이, 가상현실(VR), 드론, 자율주행 자동차 등의 제품이 전시된다.

- **Tech West 주요 전시회 장소: Sands Expo**
  – 피트니스, 헬스, 웰니스(Wellness), 사물인터넷(IoT), 스마트 홈, 키즈, 교육, 로봇, 3D 프린팅 등 혁신 기술을 접목한 일상 생활 속 제품을 만드는 회사들이 전시한다.

- 필자가 근무했던 회사도 샌즈 엑스포^{Sands Expo}의 헬스 & 웰니스^{Health & Wellness} 마켓 플레이스에 부스를 세웠다.
- 샌즈 엑스포와 연결되어 있는 베네치아 호텔 통로에는 'CES 혁신상 쇼케이스'가 위치해 있다. CES 혁신상을 수상한 제품들만 모아서 볼 수 있는 곳이다.
- 샌즈 엑스포 지하 1층에는 약 1,200개 이상의 스타트업 부스가 모여있는 유레카 파크^{Eureka Park}가 있는데, 가장 흥미진진한 곳이다.

• Tech South 주요 전시회 장소: ARIA
   - C Space에서는 글로벌 혁신가, 마케터, 크리에이터 등이 모여 브랜드 마케팅과 엔터테인먼트의 변화에 대해 이야기한다.

샌즈 엑스포 지하에 위치한 유레카 파크는 매우 핫한 곳이다. 여기에는 스타트업만 부스를 세울 수 있는데 2019년 기준 42개국의 약 1,200여 개의 스타트업이 전시했고 그 수는 해마다 늘어나고 있다. 부스 참여는 exhibit@CTA.tech로 문의하면 된다.

또한 유레카 파크에 부스를 세우려면 미국 소비자기술협회에서 정한 기준을 충족해야 한다(CES 2020 기준).

CES 2020 유레카 파크 충족 기준

• 소비자^{Consumer} 제품이어야 한다. 언젠가 소비자에게 혜택을 줄 수 있는 기술이라면 유레카 파크에 전시 가능하다.
• 만약 첫 번째 제품을 런칭했다면, 2019년 1월 1일 이후 출시된 제품이어야 한다. 그 전에 출시된 제품이면 고려대상에서 제외된다(CES 2020년 참여 기준).
• 크라우드 펀딩 캠페인, 선주문^{Pre-order}, 베타 단계 제품도 전시 가능하다.
• 시장에 큰 영향을 미칠 수 있는 잠재력이 있으며, 혁신적인 제품 및 서비스이어

야 한다.
- 제품은 CES 부스에서 데모를 시연할 수 있을 정도의 프로토타입이어야 한다. 종이로 된 설명이나 콘셉트만 가지고는 안 된다.
- OEM, ODM, 제품이 아닌 자체 브랜드 제품이어야 한다.
- 처음 전시회에 참여해야 한다.
- 유레카 파크에 한 번 참여했더라도, 기준에 충족하면 2년 연속 참여하는 것이 고려될 수 있다.
- 스타트업의 경우 유레카 파크 참여는 최대 2년으로 제한된다.

유레카 파크에는 한국관, 프랑스관, 네덜란드관 등 각 나라별로 부스를 설치할 수 있다. KOTRA(대한무역투자진흥공사)에 문의하면 국내 다른 스타트업과 함께 국가 지원을 받아 '한국관' 참여가 가능하다.

2019 CES 유레카 파크 한국관   프랑스관

2. CES 참가 이유

CES는 혁신적인 제품의 데뷔 및 홍보 마케팅 무대이기 때문에 많은 기업이 적극적으로 참여한다. 필자도 회사에서 3년 연속으로 참석해 미국, 유럽, 중국, 동남아 등 다양한 해외 국가에서 커버리지를 냈으며, 그중에는 미국 CNN, IT 탑 티어 매체인 TechCrunch, Cnet, Engadget 등이 있다. 이렇게 유명 매체에 보도되면 제품 문의를 많이 받게 되고 세일즈와 연결될 수 있다.

더불어 필자는 CES 전시회 일정 동안 회사 부스에서 방문객 및 미디어를 대응하며 일하면서도, 틈틈이 '유레카 파크'를 둘러보았다. 집에서 만드는 수제 맥주와 칵테일 기기, 빨래를 개어주는 로봇, 인공지능 키오스크 등 다양한 영역에서 개개인이 상상하기만 했던 아이디어가 하나씩 실현되고 있는 것을 볼 수 있었다.

CES에 참여하면 새로운 기술을 통해 새로운 시대가 열리는 것을 직접 목격할 수 있고, 새로운 제품을 보고 체험할 수 있기 때문에 홍보 스토리를 발굴하는 측면에서도 많은 도움이 된다.

3. CES 행사 준비

부스 등록

CES 2020년 기준으로 CES 부스의 기본 사이즈는 10feet×10feet(3.048m×3.048m)이며, 제곱 피트당 46달러이므로, 기본 부스 등록가는 약 4,600달러이다(참고로 미국 소비자기술협회 회원이면 평방 피트당 41달러이다).

유레카 파크 기본 부스 사이즈는 8feet×10feet(2.4384m×3.048m)로 정부기관, 비영리 단체 등은 1,500~2,800달러, 스타트업은 3,280~

3,680달러 정도다.

부스 신청은 www.CES.tech 사이트에서 "EXIBIT" 메뉴로 들어가 "Contact Sales"를 클릭 후 문의를 남기면 된다. 또한 +1 703-907-7645로 전화하거나 exhibit@CTA.tech 혹은 CESsales@CTA.tech 로 이메일을 보낸다.

추가로 www.CES.tech 사이트에서 'On-Site Exhibit Space Selection'이라고 검색하면 CES sales staff 담당자들 이름과 이메일, 전화번호를 확인할 수 있다.

CES 부스 신청 방법, 출처: www.CES.tech

CES 부스 선정 문의 방법(2020년 1월), 출처: www.CES.tech

또한 CES 참가 부스 비용뿐만 아니라 부스 세팅 가격, 제품 배송 가격, 비행기 가격, 숙소 가격 등을 고려해야 한다.

호텔 숙소 비용을 줄이기 위해 에어비앤비를 사용할 수 있다. 행사 날짜와 가까이 비행기표를 끊으면 라스베이거스 직항이 없을뿐더러, 가격이 비싸지기 때문에 CES에 참여하기로 했다면 6개월 이전에 표를 확보하는 것을 추천한다.

필자도 처음 회사에서 CES 행사를 참여해야 하니 준비가 필요하다는 말을 들었을 때, 어떻게 시작해야 할지 막막했다. 그래서 우선 웹사이트에 적힌 대표 이메일로 부스 신청에 대해 문의해서 답변을 받을 수 있었다.

CES는 매년 1월에 전시회가 끝나자마자 부스 선정이 진행된다. 그래서 시간이 지날수록 원하는 자리에 부스 설치가 어려울 수 있으니 바로 진행하는 것이 좋다. 필자도 CES 2017년에 참여하기 위해 2016년 2월에 처음 문의할 때 '이러이러한 스타트업인데 어떻게 부스 자리를 잡을 수 있습니까?'라고 이메일을 보냈고, 답변을 받았을 때 생각보다 자리가 많이 차있었다. 그래서 부랴부랴 Health & Wellness 쪽 부스를 확보했다.

CES에 부스를 세운 기업은 행사기간 중에 그다음 해 자리를 안내를 받기 때문에 빠르게 자리를 선점할 수 있다.

CES 뉴스레터 구독

부스 계약 후 전시 기업 온라인 대시보드에, 홍보 담당자 이메일을 빠짐없이 기입한다. CES에서 8월부터 행사 관련 뉴스레터를 발송하는데 이 뉴스레터를 보면 많은 홍보 기회와 정보가 담겨 있기 때문이다. 여기에 나오는 정보를 꼼꼼히 보아야 가능한 기회를 모두 활용할 수 있다.

CESTV 커버리지 신청서(CESTV Coverage Consideration Form), 제품 리뷰 테스트 사이트 신청서(예: Tom's Guide), 언론 매체의 Best of CES 신청서, 제품 피칭 동영상을 올릴 수 있는 기회(예: CES Exhibitor Elevator Pitch Video), 어워드 소개, 광고 기회 등이 모두 뉴스레터에 적혀 있다.

필자는 CES 참여 첫해에 뉴스레터를 통해 CES 혁신상(CES Innovation Awards Program)을 알게 됐고 직접 신청해 2년 연속 수상할 수 있었다.

CES 미디어 이벤트 참여

1월에 개최하는 CES 본 행사에 앞서, CES 언베일드(CES Unveiled)라는 미디어 이벤트가 몇 달 전부터 파리, 뉴욕, 암스테르담, 라스베이거스 등에서 열린다. 만약 유럽 시장을 타깃으로 하고 있다면 언베일드 파리, 암스테르담 등에 참여하는 것이 도움이 될 것이다.

CES 언베일드 라스베이거스는 CES 전시회 시작 이틀 전에 진행한다. 약 3시간 30분밖에 안 되는 짧은 행사지만 전 세계에서 약 1,500여 명의 기자들이 오기 때문에, 해외 시장 진출을 위해 제품을 소개할 수 있는 좋은 기회다.

한국에서 홍보 활동을 하면 외신 기자를 만나기 쉽지 않은데 CES 미디어 이벤트를 통해 직접 해외 기자들에게 제품을 소개하고, 네트워크를 쌓을 수 있다는 큰 장점이 있다. 기자가 제품에 관심을 가지면 현장에서 바로 인터뷰하고 기사화가 되기 때문에 해외 시장에서 인지도를 높이는 시발점이 될 수 있다.

또한 한꺼번에 많은 기자들을 만나기 때문에 기자 관계 구축 면에서도 효율적이며, 기사가 커버된다면 투자자본수익률^{ROI, Return on Investment}을 극대화할 수 있다. 언베일드 라스베이거스 테이블 참여 가격은 약 8,000달러이다.

PEPCOM, ShowStoppers 등의 미디어 행사도 CES 행사 전 혹은 행사 기간 중에 열린다. 언베일드는 CES 이틀 전, PEPCOM은 CES 하루 전, ShowStoppers는 CES 첫날 저녁에 진행된다. 이런 미디어 이벤트는 모바일월드콩그레스 등의 다른 해외 전시 박람회에서도 함께 개최된다.

미디어 이벤트 참여

- 미디어 이벤트에 참여하는 것만으로 당연히 기자가 우리 부스에 와서 이야기를 나누고 기사를 써줄 것이라는 착각을 버려야 한다. 홍보 담당자를 포함해 부스에 있는 직원들이 매우 적극적으로 기자들을 부스로 초대해 제품을 보여주며 설명해야 한다.
- 정말 흥미롭고 재미있어 보이는 제품에만 기자들이 몰릴 수도 있고, 미디어 이벤트에도 많은 업체들이 참여하기 때문에 우리 회사와 제품이 주목을 끌지 못할 수 있다.
- 필자는 제품을 착용하고 회사 부스 근처를 돌아다니면서 기자들에게 먼저 말을 걸면서 소개했고, 관심을 보이면 부스로 안내해 더 자세한 설명을 진행했다. 또한 부스에 서있을 때도 그냥 멀뚱하게 있는 것이 아니라 지나가는 기자에게 먼저 다

가가 제품에 대해 알려주고 싶다는 적극적인 태도를 취해야 한다. 그래야 한 개라도 더 기사화가 가능하다.

영어 소개 멘트 준비

행사장에서 해외 기자들에게 직접 제품 소개를 위한 1~2분 정도의 멘트를 준비해간다. 대부분 현장 인터뷰는 대표가 하지만 기자들이 한꺼번에 테이블로 몰릴 때면 홍보 담당자도 함께 인터뷰를 해야 하기 때문에 회사와 제품에 대해 어떤 말을 해야 할지 핵심 내용을 구성하고 미리 연습한다.

영어 URL 프레스 키트, USB 프레스 키트 준비

회사 소개, 대표 소개, 제품 소개, 제품 사진 등 모든 자료가 들어 있는 프레스 키트를 준비한다. 기자에게 이메일을 쓸 때 URL 프레스 키트를 링크로 보내고, 행사 현장에서 USB로 나눠준다. 또한 CES 행사장에 위치한 기자실에 기자들이 가져갈 수 있도록 우리 회사 USB 프레스 키트를 놓아둘 수 있다.

CES 등록 미디어에 이메일 발송

행사 시작 한 달 전인 12월이 되면 CES에서 행사에 참여하는 기자리스트를 부스 참여자들에게 공개한다. 이 부분은 개인 정보 방침에 따라 향후 공개되지 않을 수도 있다. 공개된 미디어 리스트에서 기본적으로 유명 매체를 포함해, 우리 회사와 관련된 매체 카테고리를 선택해 기자들에게 회사 소개와 제품을 소개하는 이메일을 보내고 관심을 끈다. 또한 기자들에게 부스 위치를 알려주며 부스 방문을 제안하고 미팅 스케줄을 잡을 수 있다.

이메일을 쓸 때, 컨택 이유를 밝히고, 우리 회사의 혁신 기술력을 강조하며, 상을 받았다면 이에 대해 언급한다. 또한 추후에 한 번 더 리마인드 메일을 보내고 홍보 담당자의 전화번호를 적어 기자들이 바로 연락할 수 있게 한다. 이런 방법을 통해 CNN과의 인터뷰가 성사됐다.

실제 CNN에 보낸 이메일 예시

Hi Jack

I'd like to suggest a product for your review at CES.

Sands, booth No.4xxxx(Health and Wellness Marketplace) as well as CES Unveiled: ABC company- Korean/Silicone Valley startup with 3 products that use artificial intelligence and gamification for stroke and other neurological and musculoskeletal injuries.

Our flagman device - 'ABC Product' has been named CES 2017 Innovation Award Honoree. It has been used in hospitals around the world since 2014 and now, the company is introducing a consumer version for effective and affordable use at home.

Please refer to our website www.companyname.com.

Let me know if it sounds interesting to you, and I will be happy to schedule a demo/interview.

Best wishes,

Name

Phone number: 111-1111

P.S. Hope to meet you in Vegas!

미국의 탑 티어 매체의 'Best of CES' 신청

미국의 탑 티어 테크 전문 매체 Mashable, Engadget 등은 CES에서 소개된 수많은 제품 중에 Best를 골라 소개해준다. 매체가 취재를 통해 기사화한 제품 중에서 뽑기도 하고, 각 회사가 신청서를 내면, 각 매체에서는 'Best of CES'라는 이름으로 제품을 선정한다. 이는 그 매체의 기사로 나오기 때문에 큰 홍보 효과로 이어질 수 있다. 필자도 근무했던 스타트업 제품이 CNN, Cnet, Engadget, ZDnet 등의 Best of CES에 선정된 바 있다.

선별 기준은 언론사마다 조금씩 다르겠지만 Engadget의 경우 혁

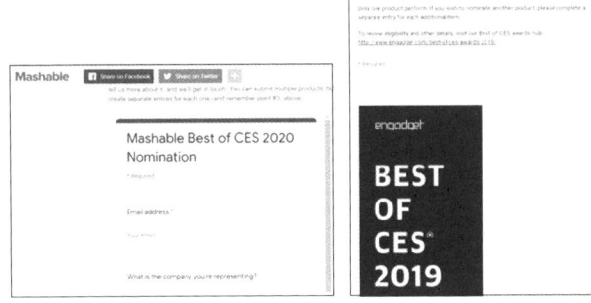

Mashable과 Engadget의 Best of CES 신청서 캡처

신성, 디자인, 마켓 어필, 기능성으로 선정하며, 편집장들이 먼저 리스트를 좁히고 이후 공개 투표를 하기도 한다. Mashable, Cnet 등의 경우에는 내부 기자들이 점수를 매기고 평가하는 과정을 거친다.

CES 콘퍼런스 세션에 스피커 신청

CES 행사기간 중에는 약 250개의 세션이 열리는데, 회사 제품 관련 산업 세션에 대표를 연사자로 신청할 수 있다. 발표 기회를 갖게 되면 업계 관계자들과의 네트워킹뿐만 아니라 기자들의 관심을 받을 수 있는 좋은 기회가 된다. 물론 발표는 영어로 해야 한다.

CES 앱 다운로드 받기

CES 앱을 다운받으면 모든 참가 회사 리스트, 전체 콘퍼런스와 이벤트 스케줄, 스피커 리스트, 길 찾기, 기타 행사 정보 등을 한눈에 찾아볼 수 있다.

4. CES 혁신상 신청

CES 혁신상은 미국 소비자기술협회가 주최하며 매년 8월 정도에 신청을 받아 뛰어난 공학 기술과 디자인을 가진 소비자 제품을 선정해 수상한다. 3D 프린팅, 접근성, 컴퓨터 하드웨어 및 부품, 드론, 로봇, 피트니스 및 스포츠, 게임 등 총 28개의 카테고리가 있으며 가장 우수한 제품들에는 베스트 혁신상이 수여된다.

CES 혁신상 프로그램은 어워드 카테고리에 맞는 소비자 제품과 서비스라면 신청이 가능하다. 제품은 신청 시점 기준으로 해당 연도 4월부터 그다음 해 4월까지 미국에서 처음 온오프라인으로 판매되는 제품이어야 한다. 한 번 신청해서 떨어진 제품을 혁신적이고 큰 개선 없이 그다음 해 다시 지원하면 실격되고, 그 신청 비용은 환불되지 않는다. 한 번 신청하는 비용은 약 750~950달러 정도이며 같은 제품으로 카테고리를 달리해서 중복으로 신청이 가능하다. 다만 비용은 각 카테고리별로 내야 한다. 혁신상을 신청할 때 기본적으로 다음과 같은 항목을 작성해야 한다.

CES 혁신상 신청 항목 예시

1. 제품 개요
   Product Synopsis
2. 제품 재료 및 구성부품, 개발 공정을 포함한 공학적 우수성, 기술 품질을 유저의 제품 사용법과 관련해서 설명
   Describe the engineering qualities of your product, including the materials, components and processes used to fabricate the product, and how their qualities relate to the product's intended use.
3. 유저에게 어떤 가치를 줄 수 있는지를 제품의 심미적 우수성, 디자인 품질, 기능과 연계해 설명
   Describe the product's aesthetic and design qualities, functions, and how they relate to user value.
4. 이 제품이 왜 CES 혁신상을 수상해야 하는지에 대한 설명
   Describe why your product deserves a CES Innovation Award. Include specifics regarding your product's unique and/or novel features and

why consumers would find your product attractive.

5. 제품에 대한 기타 코멘트
Other comments you wish to add about your product:

① **제품 개요**

이 제품이 어떤 목적으로, 누구를 위해 만든 제품인지, 어떤 기술, 특징을 가지고 있는지를 간단히 요약해서 기술한다.

② **사용법과 관련한 제품의 공학적 우수성, 기술 품질에 대한 설명**

기술적 강점을 강조해서 설명한다. 제품 엔지니어링, 품질, 부품, 공정 과정 등이 소비자의 사용성을 위해 어떻게 설계됐는지 이야기한다. 이 제품이 왜 혁신적인지, 어떤 새로운 기술이 들어갔는지에 대해서도 구체적으로 설명한다.

필자는 재활 의료기기를 신청할 때 3개의 핵심포인트로 작성했다. 예를 들어, 소프트웨어의 강점을 '게임으로 재미있게 재활 훈련', '목표 설정을 통한 재활 훈련 동기부여', '훈련 향상을 위한 실시간 훈련 과정 확인' 등으로 소개했다.

'게임으로 재미있게 재활 훈련'을 한다는 포인트에서는 손과 팔의 특정 움직임을 위해 재활 게임을 어떻게 설계했는지 이야기하고, 의사와 치료사와 함께 게임을 만든 과정을 설명했다. 또한 인공지능 등의 혁신 기술이 어떻게 접목됐는지, 게임으로 인한 사용 후 효과는 무엇인지를 임상적 근거를 바탕으로 구체적으로 기술했다.

③ 유저에게 어떤 가치를 줄 수 있는지를 제품의 심미적 우수성, 디자인 품질과 연계해 설명

제품의 디자인 및 기능이 소비자에게 어떠한 가치를 주는지에 대해 설명한다. 여기서도 핵심 포인트를 선정해 포인트마다 디자인 특징을 설명하고, 디자인 목적과 기능, 효과에 대해 기술한다.

예를 들어 '친환경적 디자인', '유저의 편리성을 고려한 휴대용 사이즈' 등 기존에는 어떤 디자인이 많이 사용됐는데, 우리는 이러한 이유로 새롭게 디자인함으로써 이런 기능을 구현할 수 있고, 이런 문제를 해결할 수 있으며, 궁극적으로 소비자에게 이런 가치를 주고 있다는 흐름으로 이야기할 수 있다.

④ 이 제품이 CES 혁신상을 수상해야 하는 이유

제품의 차별점, 특별한 이유, 제품의 특징이 어떤 의미를 담고 있는지 기술한다. 어떤 문제의식에서 이 제품을 만들게 되었으며 현재 시장에서의 한계점을 어떻게 해결하고자 했는지, 그리고 그러한 부분이 소비자에게 어떤 혜택과 가치를 주는지를 소개한다.

기존 산업, 제품에 대한 문제점을 제시하고, 이에 대해 고민해온 과정과 이를 어떻게 제품에 적용했는지 설명하는 것이다. 예를 들어 가격이 비싸서 많은 사람들이 이러한 제품이 필요함에도 사용하지 못했었다고 한다면, 파격적인 혁신을 통해 적정 기술을 적용한 저렴한 제품을 고안해냄으로써 더 많은 사람들이 사용할 수 있게 됐다고 설명할 수 있다.

⑤ **기타 코멘트**

만약 제품에 대해 더 설명하지 못한 부분이 있다면 이 부분에서 추가로 설명한다.

5. CES 혁신상 수상 혜택

CES에 참가한다면 CES 혁신상을 꼭 신청하라고 권한다. 여러 혜택을 받을 수 있기 때문이다. 우선, 제품에 혁신상 로고를 사용할 수 있다. 이는 제품에 대한 신뢰도를 높여준다. 또한 CES 행사장에서 혁신상 트로피를 받을 수 있는데, CES 전시회 기간에 제품과 함께 부스에 올려놓으면 더 많은 기자, 방문자가 관심을 갖게 된다.

미디어 커버리지를 통한 제품 홍보도 가능하다. CES 혁신상 수상에 대한 보도자료를 작성해 국내 및 해외 기자들에게 배포하는 등 언론홍보 아이템으로 활용할 수 있다. 특히 스타트업이 CES 혁신상을 받았다고 하면 그 혁신성과 기술력을 해외에서 인정받았다는 것을 의미해 언론에서도 더 관심을 갖고 취재한다. CES 웹사이트에 노출되는 혜택도 있다. CES 웹사이트에는 혁신상 수상자들을 위한 페이지가 있다. 여기서 연도별 각 카테고리의 모든 수상자를 확인할 수 있다. 또한 CES 혁신상 어워드 쇼케이스^{CES Awards Showcase}에 제품을 전시할 수 있다. 이곳은 CES 행사 기간에 혁신상을 받은 제품들만 모아놓은 전시장이다. 수상한 제품들만 모아놓은 곳이기 때문에 방문자들이 많이 찾는 곳이기도 하다.

약 5만 명의 구독자에게 배포되는 미국 소비자기술협회 잡지인 *It Is Innovation (i3) magazine*에 리스팅도 된다(CES 전시회에 참여하는 기업에 한해서다). 마지막으로, *It Is Innovation (i3) magazine* 잡지 광고를 하는 데 할인을 받을 수도 있다.

타 해외 어워드 신청 및 수상

1. 해외 수상을 하는 것은 스타트업 홍보에 많은 도움이 되기 때문에 다른 해외 어워드를 검색해 신청한다. 신청할 때 비용이 드는 어워드도 있고, 신청이 무료인 어워드도 있는데 무료 어워드는 가능하면 모두 신청한다.
2. 제품에 대한 소개 자료는 이미 CES 혁신상 등을 위해 한 번 작성해놓은 것이 있기 때문에, 처음부터 다시 쓸 필요가 없다. 각 어워드 질문에 맞게 조금씩만 수정해서 내면 된다.
3. CES에 참여하고 혁신상을 받으면, 타 어워드 주최 측에서 먼저 이런 어워드가 있는데 신청해보라고 이메일이 올 때도 있다. 필자는 신청 비용이 들지 않는 해외 어워드는 기회가 있을 때마다 신청해서 타 해외 어워드도 3번 정도 더 수상한 적이 있다.
4. 수상 자체도 중요하지만 더 중요한 점은 수상 내용을 보도자료로 만들어 언론 홍보를 할 수 있다는 것이다. 해외에서 수상했다는 것을 알림으로써 이 스타트업이 얼마나 해외에서 주목을 받고, 인정을 받고 있는지에 대한 이미지를 구축할 수 있다.
5. 또한 해외 어워드를 주관하는 기관이 마케팅 툴로써 회사에 먼저 제안해오는 경우도 있다. 수상에 대한 비용을 지불하고, 제품에 대한 소개자료 등을 만들어주는데 이 부분은 마케팅적으로 필요하다면 내부적으로 판단하고 진행한다.
스타트업은 예산이 부족하기 때문에, 해외 수상은 매우 가성비 좋은 홍보 방법이다. 물론 여기에도 홍보 담당자의 많은 노력이 필요하다.

해외 크라우드 펀딩 기획과 홍보

스타트업은 제품을 기획하고 생산하는 데 필요한 초기 자금이 부족한 경우가 많다. 그래서 크라우드 펀딩 캠페인을 통해, 개발 및 생산 비용을 확보하기도 한다. 또한 홍보 마케팅의 목적으로도 크라우드 펀딩 프로젝트를 진행하는데, 신제품이 나오기 전부터 제품 인지도를 높이고 잠재 고객을 미리 확보할 수 있기 때문이다. 또한 크라우드 펀딩 프로젝트가 성공하면, 캠페인 성공 자체를 좋은 홍보 소재로 활용할 수 있다.

1. 크라우드 펀딩의 목적

스타트업이 완제품이 나오기 전 프로토타입을 가지고 펀딩 캠페인에 올리면 소비자들이 선구매를 하게 된다. 실제 소비자가 이 제품을 받을 수 있는 날짜는 프로젝트가 끝나고 대략 6개월~1년 뒤이다. 사람들이 이렇게 시간이 걸리지만 미리 비용을 결제하는 이유는 혁신적이고 새로운 제품을 가장 먼저 만나볼 수 있다는 장점과 추후 시장에 나오는 가격보다 할인된 가격으로 구매할 수 있기 때문이다.

2. 대표적인 해외 크라우드 펀딩 플랫폼(2020년 1월 기준)

킥스타터 Kickstarter

킥스타터는 아트, 음악, 영화, 테크 등의 영역에서 창의적인 프로젝트에 포커스를 맞춘 플랫폼으로, 2009년에 런칭했으며 가장 규모가 크고 활성화되어 있다. 킥스타터를 통해 약 17만 5,342개의 프로젝트가 성공했고, 47억 달러를 모금했다.

캠페인 프로젝트 페이지는 완성 후 킥스타터의 승인을 받아야 하기 때문에, 미리 승인불가한 제품을 알아보고 진행해야 한다. 킥스타터는 다른 플랫폼에 비해 올릴 수 있는 품목의 기준이 까다로운 편이다. 예를 들어 진단, 치료 등과 관련된 제품, 에너지 식품 및 음료, 정치 자금 프로젝트 등은 캠페인에 참여할 수 없다. 필자도 회사 신제품으로 킥스타터 캠페인 페이지 제작을 완료했지만, 마지막 승인 단계에서 거절당했다. 킥스타터 측에서 치료와 관련한 제품으로 보인다며, 캠페인에 올릴 수 없다고 통보한 것이다. 그래서 만들었던 페이지 내용을 그대로 인디고고로 옮겨 캠페인을 진행한 적이 있다.

킥스타터는 All or Nothing 정책으로 캠페인에 성공해야만 펀딩된 금액을 가져갈 수 있으며, 실패했을 때는 받을 수 없다. 그래서 너무 높은 금액을 목표로 설정하기보다는 최소 약 1만 달러에서 3만 달러 사이로 설정하고, 100%를 달성하도록 한다. 100% 달성해도 프로젝트 진행 기간이 남아 있다면 계속 펀딩을 할 수 있다.

프로젝트 성공 시, 달성 금액의 5%를 플랫폼 사용료 Kickstarter Fee 로 내야 되며, 송금 등과 관련한 비용처리(Payment Processing Fee) 과정에서 3~5%의 수수료가 붙는다. 각 후원마다 약 0.20달러의 수수료가 부과되고 캠페인이 실패하면 부과되지 않는다.

현재는 일부 국적의 사람들만 캠페인 페이지를 만들 수 있다(미국, 영국, 캐나다, 호주, 뉴질랜드, 네덜란드, 덴마크, 아일랜드, 노르웨이, 스웨덴, 독일, 프랑스, 스페인, 이탈리아, 오스트리아, 벨기에, 스위스, 룩셈부르크, 홍콩, 싱가포르, 멕시코, 일본). 하지만 한국은 리스트에 없기 때문에 보통 미국인과 팀을 만들어 그 사람의 정보를 적는다.

캠페인 페이지를 만들기 위해서는 18세 이상, 킥스타터에 명시된 국가의 영주권자이어야 하며 개인으로 캠페인을 열 수도 있고, 회사를 대신해 참여 가능하다. 참여하는 나라의 주소, 은행계좌, 정부에서 발급한 ID가 있어야 하고 메이저 회사의 신용카드 및 직불카드가 있어야 한다. 또한 킥스타터 플랫폼을 통해 처음 판매하는 제품이어야 한다. 캠페인 운영 최대 기간은 60일이지만 보통 30~40일 정도로 진행한다.

인디고고(Indiegogo)

인디고고도 킥스타터와 비슷한 포맷을 가진 크라우드 펀딩 플랫폼으로, 인디고고를 통해 2008년부터 80만여 개의 혁신적 아이디어가 세상에 나왔다.

캠페인 펀딩 비용 이체 등과 관련해 미국 은행 계좌와 SSN(Social Security Number)이 필요하다. SSN이 없고 미국 계좌만 있는 유학생의 경우에는 ITIN^{Individual Taxpayer Identification Number}이 필요하다.

킥스타터는 목표 펀딩에 달성하지 못하면 그 후원 비용을 받지 못하지만, 인디고고는 최종 목표 금액 모금에 실패했더라도 받을지 말지에 대한 선택이 가능하다.

인디고고는 실제로 모금된 금액에서 5%의 플랫폼 사용료를 지불해야 하며, 송금 등과 관련한 비용처리 과정에서 미국 기준 2.9%와 각 후원마다 0.30달러의 수수료가 붙고, 이는 나라마다 조금씩 다를 수 있다.

캠페인 운영 최대 기간은 60일이지만 보통 30~40일 정도로 진행한다. 또한 캠페인이 성공하고 종료된 뒤에도, 후원자가 이 페이지를 통해서 제품을 계속 구매할 수 있도록 페이지를 열어놓을 수 있다.

고펀드미 Gofundme

고펀드미는 순수 기부 플랫폼이어서 캠페인을 올리면 후원자들은 대가 없이 기부한다. 예를 들어 개인 여행, 반려견 병원비, 호주 산불을 위한 모금 등을 캠페인으로 만들 수 있다.

목표를 달성하지 못했어도 기부금을 받을 수 있으며, 캠페인의 데드라인이 없다. 플랫폼 사용료는 없으며 비용처리는 수수료 2.9%이고 각 후원마다 0.30달러가 부과된다.

이 외에도 Rocket Hub, Crowdrise, Patreon 등의 크라우드 펀딩 플랫폼이 있다.

크라우드 펀딩 전체 준비 타임라인

8개월 전	- 크라우드 펀딩 TFT ^{Task Force Team} 구성 - 캠페인에 올릴 제품 콘셉트 파악 - 캠페인 시작 전 출원 및 제품 특허 프로세스 준비 및 진행 - 프로토타입(시제품) 개발 타임라인 파악 - 캠페인 전체 스케줄 수립 - 프로토타입을 가지고 참가할 수 있는 해외 박람회 일정 체크 및 참가 준비 (CES 등) - 캠페인 동영상 브리프 작성 및 촬영 업체 선정 준비
7개월 전	- 동영상 업체 선정 후 업체 미팅(미국 업체의 경우 콘퍼런스 콜) - 동영상 전체 스케줄 정리: 촬영, 편집, 수정 등
4~6개월 전	- 캠페인 페이지 콘텐츠 기획 및 제작 시작 - 캠페인 페이지 디자인 기획 및 제작 시작 - FAQ에 대한 답변도 미리 작성해서 준비 - 행정적인 부분 준비(은행 계좌 등) - 제품 프로토타입 완성 및 동영상 촬영 - 제품 사진 촬영 - 제품 랜딩 페이지 구축 - 각 나라 배송 일자, 세금 등 확인
3개월 전	- SNS 채널 구축 및 콘텐츠 기획 및 제작 - 뉴스레터 발송 위한 잠재고객 이메일 수집 - 미디어 리스트업
1~2개월 전	- 언론홍보 시작 - 기존 및 잠재 고객에게 캠페인을 미리 소개하는 뉴스레터 제작 및 발송 [예: 메일침프(Mailchimp) 발송 후 이메일 오픈율 등 파악] - 동영상 편집 완료 - 페이스북 동영상 광고 등을 통한 잠재 후원자 이메일 수집 - SNS 콘텐츠 포스팅 시작 - 캠페인 페이지 완료: 구성, 디자인, 리워드 등 - 킥스타터 캠페인 등록 신청 및 심사 통과
캠페인 런칭	- 캠페인 시작 - 캠페인은 보통 4~6주 정도 진행 - 48시간 내 목표 금액 30% 달성 - 국내 및 해외 언론홍보, SNS, 뉴스레터 등 지속적 마케팅 활동 - 캠페인 시작부터 종료 시점까지 후원자 감사 메일 및 질문 대응

캠페인 진행	• 캠페인 성공 시 보도자료 작성 및 배포 • 언론홍보, SNS, 뉴스레터 등 지속적 콘텐츠를 제작하며 홍보 마케팅 활동 • 후원자에 감사 이메일 발송
캠페인 종료 및 팔로업	• 캠페인 성공 후 최종 모금액 보도자료 작성 및 배포 • 제조/양산/배송 진행 • 후원자에 감사 이메일 발송 • 후원자에게 추후 일정에 대한 커뮤니케이션

3. 캠페인 페이지 구성 및 내용 예시

① **제품 개요**

제품이 무엇이며, 어떤 타깃으로, 어떤 용도로 만들어졌는지, 어떤 기술적 특징이 있으며, 이 제품을 사용하는 소비자는 어떤 혜택을 받을 수 있는지 소개한다.

② **언론 소개**

캠페인 시작 전에 제품이 언론에 소개된 적이 있다면, 매체 로고, 기사 내용을 인용해서 넣어준다.

③ **프로토타입 체험자 인터뷰**

제품이 나오기 전이지만 프로토타입을 체험한 사용자들이 있다면 이들이 제품을 사용하는 모습과 긍정적인 피드백을 동영상으로 촬영해 넣어준다. 또한 다양한 상황에서 제품을 사용하는 모습을 연출해 사진 및 GIF 등으로 넣어준다.

④ 제품 특징

제품이 가진 특징, 장점 등을 설명하며, 혁신적인 기술이 어디에 어떻게 들어갔는지 설명한다. 또한 제품이 타깃 소비자에게 어떤 혜택을 줄 수 있는지에 대한 이야기도 녹여낸다. 메인 제품과 그 외 액세서리가 있다면, 각각 소개하며 어떻게 쓰이는지도 설명한다.

⑤ 제품 사용 방법

제품이 실제로 작동하는 장면을 동영상, GIF 등으로 보여주면 쉽게 이해할 수 있다.

⑥ 제품 스펙

제품의 전체 구성요소를 이미지 및 표를 통해 설명한다. 제품 재질, 소개, 무게, 사이즈, 배터리 시간 등 기술 스펙을 구체적으로 정리한다.

⑦ 팀 소개

CEO, CTO, 제품 개발자, 전체 프로젝트 매니저 등 크라우드 펀딩 캠페인 프로젝트에 참여한 팀원의 소개를 넣는다. 참여자 각각의 약력 혹은 프로젝트 관련 경력 등을 언급하며 제품과 캠페인에 대한 신뢰도를 높인다.

⑧ 프로젝트 타임라인

프로젝트 런칭 전부터, 1, 2, 3번째 프로토타입, 디자인 완성, 데모 버

전 테스트 등 제품 개발 일정을 포함해 킥스타터 런칭 시기, 생산 일자, 배송 시작 일자 등을 적어서 전체 타임라인을 이미지로 설명한다.

⑨ **위험 요소 및 도전 사항**

제품 개발 및 배송에 있을 수 있는 어려움을 적어놓지만 충분히 극복 가능하다는 점을 명시한다.

⑩ **리워드**

사람들은 킥스타터 크라우드 펀딩을 통해 제품을 할인된 가격에 구매할 수 있다. 가장 많이 할인된 수퍼 얼리버드 가격부터 얼리버드 가격, 킥스타터 가격 등으로 단계를 나눠 할인율, 제품 구성, 수량을 달리한다. 각 단계의 가격과 수량은 제품 원가, 배송비 등을 고려해 책정한다.

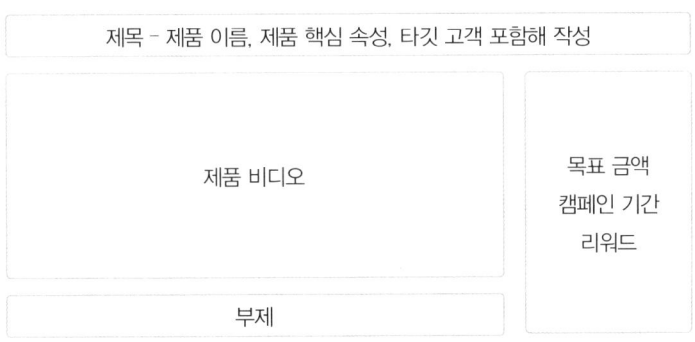

크라우드 펀딩 캠페인 페이지 구성 예시

또한 미국, 유럽 국가 등 어느 국가에서 판매할 것인지를 정하고 각 나라마다 배송 방법, 세금, 환율을 고려해 진행한다. 다양한 국가에서 판매한다면 그 나라의 특허, 인증 등의 절차는 필히 미리 완료해야 한다.

4. 크라우드 펀딩 동영상 만들기

킥스타터 캠페인에 들어가는 비디오 타입은 MOV, MPEG, AVI, MP4, 3GP, WMV, FLV이며 크기는 5120MB(약 5GB)보다 작아야 한다.

넉넉히 캠페인 런칭 7~8개월 전부터 기획을 시작한다. 스토리 기획, 스크립트 작성, 모델 섭외, 시제품 개발 완료 시점에 촬영, 촬영 후 편집 일정 등을 고려해 타임라인을 잡는다.

킥스타터 동영상 업체 선정

동영상 제작 과정에서 필자가 기본적인 스토리를 기획하고 미국 동영상 제작 업체를 선정했고, 실제 촬영은 미국 지사에서 진행했다. 영상 업체 선정에 앞서 제안요청서(RFP, Request For Proposal)를 작성한다. 제안요청서는 발주자가 프로젝트에 대해 필요한 사항을 정리해 제안자로부터 제안서를 받기 위해 작성하는 문서이다. 비디오 브리프(Video Brief)라고 표현하기도 하며, 내용은 다음과 같다.

[6-20] 비디오 브리프 예시

회사 이름
제품 이름
담당자 연락처

1. 동영상 제작 개요
    1) 캠페인 제목
    2) 제품 개요
    3) 핵심 메시지
    4) 킥스타터 카테고리
    5) 비디오 제작 목적
    6) 비디오 길이
    7) 제품 타깃
    8) 모델 섭외, 촬영 장소
    9) 동영상 제작 타임라인
    10) 킥스타터 캠페인 런칭 날짜
    11) 예산 및 캠페인 타임라인

2. 동영상 스토리 콘텐츠 예시
    1) 이 제품을 만드는 회사 소개
    2) 제품의 개발 이유(세상에 어떤 변화를 가져올 수 있는지)
    3) 제품이 가져오는 혜택(제품을 사용함으로써 누가 어떤 혜택을 받을 수 있는지)
    4) 제품 특징, 장점
    5) 제품을 실제 사용하는 소비자의 모습과 그들의 긍정적 피드백
    6) 제품 관련 산업 전문가의 긍정적 피드백
    7) CEO 인터뷰
    8) 리워드가 무엇인지
    9) 펀딩 독려 메시지 및 감사 인사

3. 기타
   1) 선호하는 동영상의 톤 앤 매너: 레퍼런스로 삼을 만한 비디오를 찾아서 링크 첨부
   2) 메인 비디오 외에 짧게 사용할 수 있는 동영상 콘텐츠도 제작
      - 제품 사용 방법
      - 사용자 후기
      - 전문가 후기 등

5. 크라우드 펀딩 캠페인 홍보 및 마케팅

크라우드 펀딩 페이지를 완성하고 나면, 전체적인 타임라인에 맞춰 캠페인을 알리는 활동을 시작한다.

국내 및 해외 언론홍보

국내뿐 아니라 미국에서도 캠페인을 위한 언론홍보 활동을 진행한다. 하지만 킥스타터, 인디고고 등 펀딩 플랫폼이 대중화되고 수많은 캠페인이 있기 때문에, 언론에 소개되는 것이 점점 어려워지고 있다. 또한 프로젝트 완료 후 시제품이 나오지 않는 경우가 많이 발생함에 따라 언론이 캠페인 소개를 꺼려할 수 있다. 하지만 언론홍보는 꼭 필요하고 효과가 크기 때문에 진행해야 한다.

먼저 리서치를 통해 국내 및 미국 미디어 리스트를 만든다. 탑 티어 매체, 테크 매체, 우리 제품과 관련한 전문 매체와 기자의 연락처를 찾아 캠페인과 제품을 소개한다. 매체와 미팅이 가능하다면 제품

시연을 진행할 수도 있다. 또한 HARO 사이트 등을 사용해 미국 기자에게 캠페인을 피칭하며 알릴 수 있다.

캠페인 관련 보도자료는 캠페인 런칭 전, 런칭 당일, 캠페인이 성공 한 후 배포하며, 지속적으로 제품에 대한 스토리를 소개하는 기획 기사로 언론홍보를 진행할 수 있다.

SNS 홍보

페이스북, 유튜브, 트위터, 인스타그램 등 제품 관련 소식을 업데이트할 수 있는 SNS 채널을 구축한다. 이를 통해 지속적으로 이미지 및 동영상 콘텐츠를 기획하고 포스팅한다. 제품의 프로토타입을 체험한 사용자의 후기 동영상, 업계 전문가의 제품에 대한 긍정적 피드백을 담은 동영상은 제품에 대한 신뢰도를 높여줄 수 있다.

또한 캠페인 페이지에 사용한 이미지 및 동영상 콘텐츠를 쪼개서 여러 번 포스팅할 수 있다. 예를 들어 제품 특징, 제품 사용 방법, 제품 스펙을 소개하는 이미지 및 동영상을 한 개씩 정리해서 SNS에 포스팅한다.

재미있게 제품 특징을 보여줄 수 있는 동영상을 기획하고 제작하면 효과적이다. 예를 들어 제품 내구성을 보여주기 위해 몇 미터 다리 아래로 제품을 던져서 그 제품이 괜찮은지 확인해 보는 식이다. 캠페인 시작이 얼마 남지 않았다면 D-10으로 카운트다운을 하며 이미지, 동영상으로 제작할 수도 있다.

제품이 언론에 소개됐다면, 제품이 나온 언론 기사를 편집해서 정보를 제공하고, 언론이 소개한 문구만을 따로 떼어서 이미지를 만들 수도 있다.

캠페인 시작 후에는 지속적으로 진행 사항을 업데이트하며, 후원자 50명 돌파, 100명 돌파 등의 콘텐츠를 제작한다. 또한 SNS 채널 라이브 방송을 통해 제품을 실제로 시연하고, 질문을 받고 답해주는 형식으로 진행하면 보다 많은 후원자를 모을 수 있을 것이다.

그 외 방법들

첫째, 잠재 고객을 모으기 위해 페이스북 광고, 구글 광고, 유튜브 광고 등을 진행한다. 예산이 허락한다면, 잠재 고객을 타깃으로 해서 동영상 광고를 돌리고, 그들의 이메일을 수집한다. 그리고 캠페인이 시작하자마자 수집된 이메일로 캠페인 시작을 알려 후원자로 전환시킨다.

둘째, 기존 고객, 잠재 고객 리스트를 기반으로 캠페인 런칭 2~3개월 전부터 주기적으로 뉴스레터를 발송한다. 런칭 전, 진행 중, 종료 후에도 지속적으로 진행 사항을 알려주는 도구로 사용한다. 또한 후원자들에게는 감사의 이메일을 발송한다.

셋째, 제품 관련 인플루언서를 찾고 컨택해본다. 제품에 대한 리뷰 동영상을 요청하고, 영상이 올라오면 추후 SNS에 포스팅하며 활용할 수 있다.

넷째, CES, MWC 등 해외 박람회에 참여해 부스 방문자들과 기자들에게 캠페인을 소개한다.

다섯째, Backers Hub, Gadget Flow, Backer Club, Crowd Reach, First Backer 등 잠재 후원자들Backers에게 우리 캠페인을 소개하는 플랫폼을 활용한다.

크라우드 펀딩 프로젝트 진행

- 캠페인 기획자는 개발자와의 인터뷰를 통해 제품에 대해 하나부터 열까지 완벽하게 이해하고 핵심 포인트를 도출한다. 이를 토대로 제품의 강점, 특징, 소비자가 갖는 혜택 등을 정리하며 캠페인 콘텐츠를 만들어간다.
- 크라우드 펀딩 프로젝트를 맡고, 언제 캠페인을 시작할 것인지에 대한 부분을 명확히 하는 것이 중요하다. 크라우드 펀딩은 제품이 시장에 나오기 전부터 미리 판매하는 것이기 때문에 제품의 개발 타임라인을 연구개발 부서로부터 받아야 하고, 이에 맞춰서 캠페인을 진행해야 한다.
- 타임라인을 체크하더라도 제품 개발이 늦춰져 약속한 날짜보다 배송이 늦어질 수 있다. 이런 경우를 미리 파악해 후원자에 양해를 구하고 계속 개발 상황을 업데이트해서 알려주며 안심시킨다.
- 캠페인 런칭 전, 진행 중 CES 등 큰 박람회가 있다면, 그런 기회를 통해 언론 홍보를 할 것을 추천한다. 현장의 기자들에게 프로토타입을 보여주며 현재 캠페인이 진행 중이라는 것을 홍보하면 성공에 많은 도움이 된다. 캠페인이 종료됐더라도 크라우드 펀딩 캠페인이 성공한 제품이라고 강조하면 된다.

07

스타트업 홍보 담당자 인터뷰

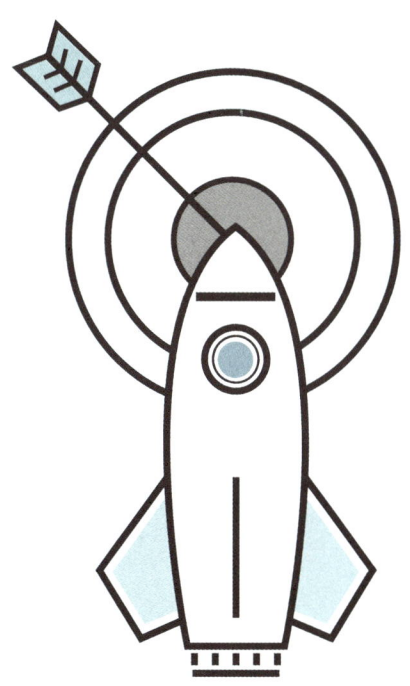

7장 .. 스타트업 홍보 담당자 인터뷰

'여기어때' 커뮤니케이션팀 문지형 전[1] 이사

1. 자기 소개 부탁드립니다.

기자로 커리어를 시작했다. 대학 졸업 전, 중앙일보 계열 IT 주간지에서 인턴 기자로 활동하다 정규직으로 전환되었지만 얼마 되지 않아, 그곳이 폐간되었다.

이후 2000년대 초반 지하철에서 볼 수 있는 무료 신문이 활성화될 때, 무가지 신문 기자가 되었다. 당시 무료 신문이 언론의 광고시장을 모두 장악할 정도로 잘나가는 시기였지만 스마트폰이 출시되는 것을 보고 변화의 흐름을 직감했다. 무료 신문으로 소비하는 뉴스와 콘텐츠가 스마트폰으로 옮겨갈 것이라는 생각이 들어 그만두고 교육 업체 홍보 담당자로 이직했다. 그곳에서 홍보 팀장으로 일하다가,

'11번가' 홍보팀을 거쳐, 'KT' 홍보실에서 근무했다. 약 3년 전 스타트업 '여기어때'에 커뮤니케이션팀 이사로 합류했다.

2. 대기업을 다니시다가 스타트업으로 이직한 이유는 무엇인가요?

대기업 홍보팀은 장단점이 명확하다. 장점은 시스템이 모두 갖춰져 있고 하는 일, 담당하는 매체 수도 정해져 있어 일이 매우 안정적이다. 또한 아침, 점심, 저녁으로 기자들과 미팅을 잡고, 업무 이야기를 하면서 업계 동향, 경쟁사에 대한 정보를 수집할 수 있고, 이러한 정보를 얻는 방법과 노하우에 대해 배울 수 있다. 또한 정보를 잘 취합해서 대응 논리를 만들고 설계하는 스킬을 기를 수 있다.

하지만 대기업 홍보팀은 기자들과의 관계가 좋다 보니 기사를 내기 위해 고군분투하지 않아도 되고, 업무가 도전적이지 않다 보니 매너리즘에 빠지게 되는 것 같다. 어느 날, 한 임원이 나에게 "회사 전신 거울에 비친 자신의 모습에서 열정은 사라지고 배 나온 아저씨만 남은 것 같아 충격을 받았다"고 말했다. 마치 그 모습이 내 미래가 될 수 있다는 생각이 드니 정신이 번쩍 들었다.

그때쯤 지인을 통해 '여기어때'를 소개받았고 대표와의 면접을 진행하면서 가슴이 다시 뛰기 시작했다. 네이버가 2000년대에 벤처로 시작해 대기업으로 변화되는 과정을 보면서, 여기어때도 업계에서 크게 성장할 것이라는 믿음이 있어 입사하게 됐다.

3. 여기어때 커뮤니케이션팀에서 하는 일은 무엇인가요?

현재 커뮤니케이션팀은 총 5명으로 구성되어 있으며, 언론홍보 50%, 대외 협력을 포함한 대관 업무 50%의 비중으로 업무를 진행하고 있다.

언론홍보

대기업과 중견기업 보도자료는 스타트업과는 양적으로 다르다. 대기업은 보도자료 소재가 많아서 쓸 거리가 넘쳐난다. 하지만 대부분의 스타트업은 홍보 소재가 부족하다. 각 부서에 홍보 아이템을 보내달라고 요청하며 이메일을 보내지만, 빠르게 답변을 받기 어렵다. 그래서 스타트업에서는 언론홍보 소재 발굴이 매우 중요한 업무 중 하나다.

그래서 나는 합류 후 홍보 아이템을 발굴하는 데 힘썼고 그 결과 성수기 때는 보도자료를 주 4~5회 정도로 배포할 수 있게 되었다. 타 부서와 지속적으로 미팅을 가지며 직접 내부 홍보 소재를 마이닝하고 있다.

또한 홍보 담당자로서 대표 및 주요 경영진이 온전히 경영, 기술 개발 및 투자에 집중할 수 있도록, 언론홍보 관련한 모든 일을 책임지고 있다. 더불어 기자들과의 관계 구축에 있어서 기자뿐만 아니라 데스크까지 커버하며 네트워크를 만들어가고 있다.

대외 협력(대관 업무)

문화체육관광부, 한국관광공사, 코리아스타트업포럼 등의 민관 협의

체와의 핫라인을 관리하면서 관광산업 전반의 동향을 체크하고, 주 단위로 커뮤니케이션 리포트를 정리하고 있다. 이런 업무 과정에서 회사 및 서비스에 대한 성공 스토리 공유, 스타트업 성공에 대한 멘토링, 성공 사례 발표 등을 하고 있으며, 다양한 이해관계자들과의 관계 구축을 위한 활동에도 힘쓰고 있다.

4. 홍보를 잘할 수 있는 비결이 있을까요?

첫째, 항상 소비자에게 줄 수 있는 우리 서비스의 가치를 생각하며 일해야 한다. 아마존은 'working backwards'라는 업무 방식을 도입해, 모든 사업부에서 먼저 보도자료 형식의 글을 쓰고 일을 진행한다고 한다. 누구나 일을 하다 보면, 자신의 업무에 대한 애착이 생겨서 자기 업무 중심으로 제품을 생각하게 되고, 이는 소비자 관점에서 생각해야 하는 시각을 흐릴 수 있다는 데서 착안한 업무 방법이다.

어떤 부서든 프로젝트 진행에 앞서 보도자료를 작성해봄으로써 소비자의 지향점을 끊임없이 성찰할 수 있고, 핵심 포인트를 가지고 일에 집중할 수 있다는 것이다. 예를 들어 개발자들이 회사 앱을 업데이트하는 경우 자신이 어떤 멋진 기능을 구현할 수 있는가에 관심을 갖기보다는, 소비자가 어떤 혜택을 누릴 수 있는지를 중점적으로 생각하면서 개발하는 것이다. 나도 항상 우리 회사의 가치를 어떻게 잘 알릴 수 있을지 고민하며 일하고 있다.

둘째, 홍보 담당자 스스로 회사와 제품에 대한 애정과 자부심을 가져야 한다. 하지만 회사에서도 그들이 애사심을 가지고 일을 할 수 있는 환경을 만들어줘야 한다. 홍보 담당자들은 기자, 관련 업계 사람들 등 외부 사람들과 일하는 부분이 많기 때문에 그들에게 진심을 다해 우리 회사에 대해 알릴 수 있도록 회사가 도와야 한다.

나는 입사하자마자, 기자 미팅을 매일 진행하면서 여기어때를 알리기 위해 바쁘게 움직이고 있었다. 그때 대표가 갑자기 나를 불러서 이런 질문을 했다.

"여기어때에 대해 얼마나 아시나요?"

그 말인즉 이제 막 합류한 내가 아직 회사의 미션, 비전 등을 명확히 파악하지 못한 채 외부와 커뮤니케이션을 활발히 하는 것이 걱정스럽다는 의미였다. 그래서 나는 그 뒤 3개월 동안 대표와 점심을 먹으면서 대표의 생각과 철학을 들으며 이야기를 나누었고, 덕분에 회사와 서비스를 깊고 넓게 이해하게 되었다. 이런 시간이 회사에 애정을 가지고 홍보 업무를 하는 데 많은 도움이 되었다.

5. 언론홍보 업무는 기자와의 관계가 중요한데요. 기자들과 친하게 지내는 방법이 있을까요?

기자들은 그들에게 유용한 정보를 제공하는 취재원을 필요로 한다. 그래서 나 스스로를 스타트업 업계의 중요한 취재원으로 포지셔닝해야겠다고 결심했다. 우리 회사 및 서비스만 잘 아는 흔하디 흔한 홍보 담당자가 되는 순간 확장성은 무너지는 거라고 생각했다.

여기어때가 숙박업 서비스이다 보니, 여행 시장을 전반적으로 공부하면서 다양한 정보를 알게 됐고, 나 자신을 관광업계 정보를 모두 찾아볼 수 있는 플랫폼으로 만들게 되었다. 한 가지 자부하는 것은 기자들이 이쪽 분야의 취재가 필요할 때, 나를 찾는 경우가 많아졌다는 것이다. 그들이 여행 시장에 대해 질문하고, 나는 그에 대한 정보를 제공함으로써 긍정적인 관계를 더욱 공고히 할 수 있게 됐다.

그래서 나는 언제나 기자나 업계 사람들이 온라인 기반 오프라인 서비스O2O, Online to offline를 생각했을 때 가장 먼저 떠오르는 홍보 담당자가 되는 것을 목표로 한다. 업계 전문가로 추천을 받아서 기자에게 연락을 받는다든가 다른 스타트업 홍보 담당자가 나에게 조언을 구할 때, '내가 잘하고 있구나'라고 생각한다.

6. 언론홍보에서 위기 관리는 어떻게 해야 하나요?

홍보 담당자는 회사 및 서비스에 대한 부정적인 기사가 나오면 기사를 삭제하거나 톤다운하려고 노력한다. 기사 삭제는 광고에 대한 비용을 지불하거나, 이후 광고를 진행하겠다는 뉘앙스의 약속을 해야 가능할 때가 많다. 하지만 이는 추천하지 않는 방법이다. 이렇게 진행하다 보면, 소문을 듣고 다양한 유사 매체에서 계속 부정적인 기사를 쏟아내고 광고비를 받으려 하기 때문이다.

한 가지 방법은 미디어를 통해 부정적인 이슈가 불거지기 전에 해명 기사를 적극적으로 내는 것이다. 한 예로 어떤 스타트업에서 서비스가 해킹을 당해 개인정보가 유출되어 그에 대한 취재가 들어오기 시작했다. 홍보 담당자가 이슈를 미리 파악해 다른 기자에게 이에 대한 구체적인 내용을 알려주면서, 부정적인 이슈와 해명하는 내용을 기사에 함께 실을 수 있도록 조치했다. 기사에는 회사에 문제가 있었지만 이미 해결하고 있다는 내용이 함께 실려 더 이상 부정적인 기사가 퍼지지 않고 종결된 적이 있었다.

홍보 담당자는 안테나를 계속 세우고 있어야 한다. 가장 최악은 부정적인 기사가 나오고 나서 나중에 알게 되는 것이다. 취재가 들어올 때 빨리 내부적으로 이슈를 공유하고, 부정적인 이슈와 함께 해명 자료를 미리 작성해서 매체에 전달하게 되면 100% 막을 순 없지만 100대 맞을 것을 10대만 맞는 효과를 가질 수 있다.

7. 스타트업 홍보 담당자로서 겪는 어려움이 있을까요?

무엇보다 스타트업에서 홍보 업무를 하면서 힘들었던 점은, 홍보 활동에 대한 중요성을 내부 고객, 즉 CEO, 임원 등에게 설득하는 일이었다. 예를 들어 특정 이슈에 대한 보도자료를 내려고 하는데, '왜 이걸 꼭 내야 하나'는 질문을 받은 적도 있다. 또 특정 부서에서 보도자료를 내달라고 해서 진행했는데, 다른 부서에서 '그 이슈는 아직 시기상조인데 왜 내보냈냐'는 등의 의견충돌이 생길 때도 있다.

스타트업 초기 창업자들은 홍보에 대한 인식이 부족하거나 그 중요성을 간과하는 경우가 있다. 혹은 너무 쉽게 "이 기사 삭제해주세요."라든지, 임팩트가 있는 기사만을 원하는 등 홍보 업무의 프로세스를 모르는 경우가 많다. 그래서 하나하나 설명하고 설득하는 작업이 힘든 점이기도 하다.

홍보 담당자는 주요 고객인 기자들과 많이 소통하지만, 내부 고객, 즉 내부 임원 및 직원들과의 커뮤니케이션에도 에너지를 쏟아야 한다.

8. 스타트업 홍보 담당자로 큰 성취감을 느꼈을 때는 언제인가요?

홍보 5년 차 때는 기사를 많이 내는 것, 부정 기사의 낮은 비율, 방송에 소개되는 것 등이 성취의 기준이었다면, 지금은 내부에서 홍보 업무 결과를 인정받는 것이다. 상사를 포함해 내부 직원이 기사가 잘 나왔다며 칭찬과 격려의 이야기를 들려줄 때 성취감을 느낀다.

또한 스타트업에서 나의 홍보 업무가 회사의 큰 모멘텀적인 시기에 기여를 했을 때다. 기업의 매출이 향상되면 세일즈 마케팅팀의 성과가 되는 등 솔직히 홍보는 그 효과를 정량적으로 측정하기 어렵다. 하지만 정성적으로 봤을 때 분명히 기여하는 것이 보이고 나의 노력이 거기에 일조했다는 것에 매우 큰 자부심을 느낀다.

예를 들어 큰 투자 마무리를 바로 코앞에 두고 있을 때, 계약 전날 밤 9시에 부정적인 이슈가 터졌다. 특정 부정 단어가 해외 매체 기사에 노출되었고, 이를 다른 단어로 대체하거나, 내용을 톤다운했어야 했다. 한국에 주재하는 그 외국 기자 연락처를 수소문해 발 빠르게 연락을 취해 기사 수정을 요청했다. 이 과정에서 기자를 설득하고,

대안 문장을 만들어서 전달했다. 다행히 기사는 톤다운이 되어 수정되었고, 이후 투자도 성공적으로 유치되었다.

물론 투자 유치에 많은 부서의 노력이 있었지만 그중에서도 홍보의 역할도 있었다고 단연 자부할 수 있다. 그 부정적인 기사를 투자자가 보았더라면, 투자 자체가 흔들릴 수도 있었다고 생각한다.

9. 스타트업 홍보 담당자가 가져야 할 태도 혹은 스킬은 무엇인가요?

솔직함이다. 있는 그대로를 모두 말하는 솔직함이 아니라 영악한 솔직함이라고 표현하겠다. 기자의 질문을 받았을 때, 회사 입장에서 바로 답변하기 곤란한 상황이 있을 수 있다. 그렇다고 내일 발표될 사안을, 그 전날 그런 사실은 없다고 딱 잘라 거짓말을 하게 되면 기자와의 관계가 나빠질 수 있다.

회사의 공식적 발표 시기를 감안하면서도, 기자들에게도 적절히 대처할 수 있는 솔직한 커뮤니케이션 능력을 가져야 한다. 홍보 담당자에게는 이런 균형감각을 가진 솔직함이 필요하다.

10. 홍보 담당자가 나아가야 할 방향은 무엇일까요?

매체별 지면 커버리지로 성과를 인정을 받는 시대는 지났다. 온라인 기사가 몇 개가 나왔는지를 측정하는 것을 넘어서 업무를 더 확장시켜야 한다. 이제는 기사뿐만 아니라 유튜브, 업계 인플루언서 등을 통해 회사 및 서비스를 알리는 시대이다.

이렇게 커뮤니케이션 접점이 확장되고 있기 때문에 우리 회사 관련 콘텐츠, 제품 관련 콘텐츠를 가공해서 어떻게 소통할 것이냐를 고민해야 한다. 홍보 담당자가 많은 자료를 준비하더라도 언론홍보는 기사로 나가는 내용이 매우 제한적이다. 우리가 원하는 메시지를 충분히 전달할 수 있는 채널들이 다양해지고 있고 홍보 담당자는 이러한 툴들을 능수능란하게 다룰 줄 알아야 한다. 기사도 중요하지만, 우리가 알리고 싶은 부분을 충분히 보여줄 수 있는 다양한 커뮤니케이션 방법을 고민하고 실행해야 한다는 말이다.

그 과정에서 홍보 담당자 자신이 '스피커' 역할을 맡게 될 수도 있다. 나는 개인 페이스북에도 회사에 대한 뉴스를 적극적으로 공유하고 있다. 물론 이에 대해 반대 의견이 있을 수 있지만 나는 이러한 방법이 회사뿐만 아니라 홍보 담당자 개인 브랜딩에도 도움이 된다고 생각한다. 또한 기자들도 개인 SNS를 통해 나에게 연락이 오는 등 다방면으로 시너지 효과를 만들 수 있는 장점이 있다. 물론 채널의 다양성 이면에는 조심해야 할 부분도 많기 때문에 철저한 고민과 계획하에 실행해야 한다.

11. 스타트업 홍보 담당자를 희망하는 분들에게 해주고 싶은 말이 있나요?

스타트업에 지원하는 사람들은 '홍보만 하고 싶다.'가 아니라 스타트업 시장의 매력 때문에 로켓에 탑승하려고 온다고 생각한다. 홍보 담당자건 다른 부서에서 일하건 스타트업에 합류하고자 하는 사람들은 스스로 할 일을 찾는 태도를 가져야 한다.

또한 스타트업 홍보 담당자는 홍보의 틀에만 갇혀 언론홍보에만 업무를 국한하지 않고, 사내 커뮤니케이션, CSR, 대관 활동, 제휴 활동 등 유관해서 파생할 수 있는 일들에 대한 기회를 포착하고 업무를 확장시키면서 능력을 키워나가야 한다.

'다방' 홍보팀 박샘이 팀장

1. 자기소개 부탁드립니다.

현재 부동산 O2O 플랫폼 서비스 '다방'을 운영하는 기업 '스테이션3'의 홍보팀 팀장을 맡고 있다.

2009년 동영상 서비스를 제공하는 판도라TV에서 홍보 업무를 시작했다. 첫 직장에서는 업무에 대해 알려주는 사수가 없는 등 홍보에 대해 체계적으로 배울 수 있는 구조가 아니었다. 홍보 업무의 전문성을 길러야겠다는 생각으로 1년 만에 홍보대행사로 이직하게 됐다.

홍보대행사에서 8년 동안 근무하면서 AE(Account Executive)부터 시작해 홍보 매니저로 성장했다. 대행사에서는 공공기관, IT 기업, 뷰티, 패션 소비재 등 다양한 클라이언트를 맡아서 업무를 진행했다. 특히 IT 서비스 홍보를 주로 하다 보니 IT 담당 기자들과 네트워크를 견고히 쌓을 수 있었다.

  이후 다방 홍보 팀장 채용 공고를 보게 되었고, 이직을 결심했다. 다방이 모바일 앱이고 IT 기반 서비스이다 보니, IT 기자와 관계가 두텁다는 점과 소비재 MPR^{Marketing PR}, 공공기관 정책홍보 등 다양한 분야를 홍보했던 이력이 긍정적으로 작용해 최종 입사하게 됐다.

2. 스타트업으로 이직한 이유는 무엇인가요?

사실 다방이 건설사 혹은 기존의 부동산 서비스와 똑같았다면 매력을 느끼지 못했을 것이다. 하지만 '부동산 O2O 플랫폼' 자체가 이제까지 내가 경험해보지 못한 분야여서, 이 부분에 매력을 느꼈다. 다방 광고를 봤을 때 2030세대가 주로 이용하는 젊은 서비스라고 생각했고, 이런 서비스라면 더 쉽고 재미있는 홍보를 할 수 있겠다는 생각에 설렜다.

  또한 홍보 업무 10년 차가 되니, 어느 회사를 가도 중간관리자의 역할을 기대하는데, 개인적으로 수평적인 문화를 가진 조직에서 관리자로 성장하고 싶다는 바람도 있었다. 수직적인 조직보다는 수평적인 스타트업의 분위기가 나에게 잘 맞고, 이곳에서 관리자로 성장하는 것이 앞으로의 조직 생활에도 도움이 될 것 같다는 생각에 다방으로 옮기게 됐다.

3. 다방 홍보팀은 몇 명이고 대략 어떤 일을 하나요?

다방의 기업홍보팀은 총 3명이다. 스타트업에서 홍보팀이 3명이나 된다는 것은 사실 흔치 않은 일이다. 3명이라서 많아 보이긴 하지만 그만큼 진행하는 업무량도 만만치 않다. 따라서 팀원 간 R&R(Role and Responsibility)을 명확히 구분해 업무를 진행하고 있다.

언론홍보는 공동으로 진행하되 팀장인 내가 전체적으로 코디네이팅을 하고 있다. 팀원 1은 사내 커뮤니케이션과 신규채용을 위한 EVP(Employee Value Proposition) 활동, 팀원 2는 B2B 블로그 및 기업홍보 SNS 운영을 맡고 있다. 팀원들도 5년 차 이상이다 보니 큰 프로젝트를 진행하는 데 무리는 없지만, 진행 과정에서 빠뜨릴 수 있는 사소한 부분은 내가 백업해주고, 공통의 아이디어가 필요한 부분은 함께 브레인스토밍을 통해 아이디어를 모은다. 팀장인 나 역시도 매주 릴리즈하는 자료는 반드시 팀원들에게 확인을 받을 정도로 팀원들에게 많은 의지를 하고 있다.

홍보팀에서는 첫째, 언론에 자사 서비스, 회사 관련 긍정적인 기사가 나올 수 있도록 언론홍보 업무를 진행하고 있다. 둘째, 현재 직원이 약 80여 명 정도인데, 직원들의 융합과 소통을 위한 사내 커뮤니케이션 행사를 기획하고 준비한다. 셋째, 다방 주요 고객인 공인중개사를 대상으로 한 블로그 및 일반 소비자를 위한 SNS 채널을 운영하고 있다.

보도자료 및 홍보 리포트

주 1회 보도자료를 작성하고 배포하는 것과 더불어 기자들에게 지속적으로 다방의 새로운 소식을 전하고 있다. 내용은 신규 서비스 런칭, 다방의 마케팅 활동, 공인중개사를 위한 이벤트, 사내 커뮤니케이션 행사 등 다양하다.

부동산은 시세에 민감한 분야이다. 이런 점에 착안하여 자체적으로 다방에 등록된 원룸, 투·쓰리룸 등 30만 건의 가격을 분석한 〈다방 임대 시세 리포트〉를 매월 발행한다. 아파트 시장과 달리 다세대, 다가구주택의 전월세 시세는 방의 면적도 제각각 다르고, 실거래가가 투명하게 신고되지 않아 시세 확인이 어렵다.

따라서 〈다방 임대 시세 리포트〉가 실험적인 시도였음에도, 기자들 사이에서 '도움이 된다', '의미 있는 시도다'라는 피드백을 꽤 많이 받았다. 지난해부터 리포트를 발행하기 시작했는데, 초기에는 해당 리포트의 메일링을 먼저 요청하는 기자들이 많을 정도로 반응이 고무적이었다.

기획기사

다방의 사례와 타사 사례를 함께 엮어서 쓰는 기획기사뿐만 아니라, 다방의 주 사용층에 맞게 청약, 부동산 거래, 부동산 법률 상식 등 부동산에 관한 상식들을 쉽게 풀어 쓰는 정보성 기획기사도 진행하고 있다. 최근 온라인으로 기사를 읽는 독자들이 많아지면서 기획기사도 게재량을 증대시키기 위해 단독으로 피칭하기보다는 전 매체에 매스 릴리즈를 하고 있다.

기자 관계 구축

일주일에 2~3번 정도 IT 관련 기자, 스타트업 및 건설부동산부 기자들과 지속적으로 미팅을 하며 관계를 구축하고 있다. 주로 점심 미팅을 진행하며, 필요할 때는 저녁 미팅을 진행하기도 한다.

시장 동향 모니터링

스타트업에서는 기사 모니터링의 중요성을 간과하기 쉬운데, 모니터링은 홍보팀의 비중 있는 업무 중 하나다. 다방의 경우 정부의 부동산 정책과 산업 규제에 대해 지속적으로 모니터링해 사업팀, 운영팀, 기획팀 등 유관 부서에 전달하고 있다.

또한 모니터링을 통해 입법 공청회, 부동산 학회에서 진행하는 포럼, 정부와 연관된 연구기관에서 발표하는 리포트 등의 소식도 지속적으로 트래킹하고 있다. 대부분의 리포트 자료들은 온라인에 게시되어 있는데, 그렇지 않은 자료들도 주최 측에 따로 연락해 자료를 구하기도 한다.

현재 종사하고 있는 산업에서 법 개정이 어떻게 되고 있는지, 학계에서는 어떤 분야를 주목하고 있는지 지속적으로 동향을 체크해야 한다. 유관 부서에서는 이를 통해 사업 방향을 수립하는 근거자료로 활용하고, 또한 우리 서비스와 밀접한 법 개정 등에도 선제적으로 대응할 수 있다.

뉴스레터

보도자료로 전하지 못했던 비하인드 스토리들을 따로 뉴스레터로 제작해 기자들에게 재미있게 전달하고 있다. 광고 촬영 비하인드 사진, 다방 사내에서 이슈가 되고 있는 스토리 등을 정리해서 전달하고 있는데, 이는 추후 기자들과 이야깃거리를 만들 수 있는 등 네트워킹에도 효과적이다. 또한 기자들에게 취재 아이템을 전달하는 효과도 있다.

예를 들어 올해 초에 직원들의 바탕화면 보호기를 전사적으로 교체한 내용(사내에서는 10분 정도 자리를 비울 경우 반드시 노트북에 화면보호기를 설정할 것을 권고하고 있다.)을 뉴스레터로 소개했는데, 모 기자가 해당 내용을 보고 '스타트업의 철저한 보안 정책'에 대해 기사를 썼다. 보도자료를 작성하기에는 사소한 내용이지만 재미있는 사내 이슈들을 모아 뉴스레터를 발행하며 홍보 콘텐츠로 활용하고 있다.

사내 커뮤니케이션

시즈널리티를 살려 직원들이 즐겁게 회사생활을 할 수 있도록 약 2개월에 1번꼴로 사내 커뮤니케이션 행사를 진행한다. 요즘처럼 메신저로만 일하는 시대에는 사내 커뮤니케이션 활동을 통해 직원들의 대면 커뮤니케이션 기회를 만들어주는 것이 필요하기 때문이다. 또한 이런 활동을 통해 업무 시너지 효과도 낼 수 있다.

사내 커뮤니케이션 행사로는 다방 직원들이 자기 제품을 가져와서 자리에서 직접 판매하는 '제자리 마켓', 다른 부서 사람들과 함께 식사하며 새로운 인사이트를 구하는 '다방식구', 직원들이 관심 있는 분야의 전문가를 초빙해 강연을 듣는 '다방을 즐기다:다樂방' 등이 있다. 창립기념일, 시무식 등 기본적인 행사도 홍보팀에서 진행한다.

B2B 블로그 기획 및 운영

다방의 주요 고객인 부동산 공인중개사를 위한 블로그를 운영하고 있다. 부동산 정보, 다방 신규서비스 공지, 공인중개사 혜택 등 도움이 되는 콘텐츠를 블로그를 통해 제공하고 있다.

4. 홍보팀장으로서의 역할을 소개해주세요.

여느 팀장들이 그러하듯, 신규 사업을 런칭하거나, 영업용 콘텐츠 등을 만들거나, 타 부서에서 업무 요청이 들어올 때 전체적으로 팀원들 간의 업무를 조율하는 역할을 한다.

 수직적 조직 같은 경우에는 모든 업무 컨펌을 팀장이 하고, 업무에 대한 모든 책임 역시 팀장이 지고 가지만 상대적으로 수평적인 스타트업에서는 그런 분위기가 덜한 것 같다. 업무 R&R을 명확히 나누고 있기 때문이다.

 전체적으로 팀장의 역할은 코디네이터, 검수자 역할만 할 뿐이다. 이전까지는 모두 수직적 조직에서 직장생활을 했기 때문에 처음에는 '모든 업무는 나의 관리, 감독 아래 진행되어야 한다'라고 생각했던 것 같다. 이렇게 되면 팀원 본인의 권한과 역할은 축소되기 때문에 그만큼 책임감도 줄어든다.

　반면 팀장이 코디네이터 역할을 한다면 팀원들이 강한 책임의식과 주도성을 가지고 자신의 업무에 임할 수 있다. 이러한 수평적인 조직문화에서 팀장은 앞에서 이끄는 사람이기보다 뒤에서 밀어주는 사람이기 때문에 그 역할에 충실히 하려고 노력하고 있다. 더불어 팀장의 역할은 큰 그림을 보고, 끊임없이 새로운 시도를 하는 것이라고 생각한다. 팀원들에게 지속적으로 새로운 과제를 제안해야 한다. 그만큼 홍보 채널이 다변화되고 있기 때문이다.

　홍보는 어떤 틀을 갖추는 것보다, 메시지가 수신자에게 어떤 채널을 통해서든 제대로 전달되기만 하면 된다고 생각한다. 꼭 보도자료가 아니어도 다양한 방법과 채널로 기자들에게 자사의 메시지를 전달할 수 있어야 한다. 채널의 경계 없이 수신자에게 도달하기 위해 확장적으로 사고해야 하며 이러한 업무 태도를 유연하게 하기 위한 발상의 전환을 이끌어주는 게 팀장의 역할인 것이다. 물론 팀장 자신도 외부 세미나나 네트워킹을 통해 업무 확장성에 대해 끊임없이 고민해야 한다.

5. 홍보 성과 측정 방법이 있나요?

홍보팀의 KPI^{Key Performance Indicator}는 6개 항목으로 구성되어 있으며 연간, 분기별 정량/정성 평가를 진행한다. 항목은 보도자료 커버리지 수,

기획기사 커버리지 수, 기자 미팅 횟수, 사내 커뮤니케이션 진행 횟수, B2B 채널 및 SNS(브런치, 블로그 등)의 정량적인 수치(조회 수), 신규입사자 OJT 진행 횟수와 만족도이다.

6. 스타트업 홍보에서 위기 관리는 어떻게 해야 하나요?

스타트업은 기존 시장에 없던, 새로운 비즈니스를 창출하고 있다. 존재하지 않던 서비스를 시장에 출시하거나, 오프라인 서비스를 온라인으로 가져오는(O2O) 새로운 시도 등으로 기존 서비스 제공자들과 갈등을 빚을 수 있다고 생각한다. 이런 갈등은 자연스럽게 나타나는 현상이지만, 스타트업에 위기가 될 수 있다.

여기서 홍보의 역할은 사업팀, 대관팀 등의 유관 부서와 긴밀하게 협력해서 언론 대응 메시지 로드맵을 만드는 것이다. 모든 부서가 모여 브레인스토밍을 통해 일관성 있는 대응 논리를 구축하고 유기적으로 움직이는 것이 중요하다.

또한 다른 스타트업은 기존 플레이어들과 충돌이 있을 때 어떻게 대처하는지 관련 기사를 찾아보면서 벤치마킹을 해야 한다.

7. 스타트업 홍보 담당자로서 겪는 어려움이 있을까요?

내가 합류했을 때 다방은 7년 차 스타트업으로 소비자, 기자 들에게 어느 정도 인지도가 있는 편이었다. 그래서 스타트업 홍보의 어려움을 상대적으로 덜 체감했다.

하지만 다른 스타트업 홍보 담당자 이야기를 들어보면 서비스 개념을 설명하기도 어렵고, 보도자료를 배포하더라도 기자들이 회사와 제품을 전혀 모르기 때문에 기사화되기 어렵다고 들었다. 그래서 결국은 많은 기자를 만나 회사와 제품을 소개하는 것이 필요하다.

또한 초기 스타트업에서 일하는 사람들 중에는 자신이 속한 부서가 마케팅팀인지, 홍보팀인지 잘 모르겠다는 사람들도 많다. 다행히 다방은 홍보의 영역과 마케팅의 영역이 체계적으로 구분되어 업무시스템이 잡혀 있지만, 다른 스타트업들은 마케팅 팀원을 뽑으면서 언론홍보 경험도 요구하는 등 둘의 구분이 모호하게 되어 있다.

실무에서도 홍보 활동을 진행하며 마케팅 효과를 기대하는 등 실제 그런 일들을 지시하기도 한다. 이 경우에는 홍보 담당자가 중심을 잡고, 대표나 다른 사람들을 설득하고 회사에서 본인의 업무에 대해 포지셔닝해야 한다.

8. 스타트업 홍보 담당자로서 가장 중요하게 생각하는 부분은 무엇인가요?

첫째, 해당 서비스에 대해 잘 알아야 한다. 담당자로서 제품과 서비스에 대해 아는 것은 사용자와 다르다. 홍보 담당자라면 가장 기본적으로 수익구조, 직원, 연혁, 매출 등을 잘 알고 있어야 한다.

더불어 다방 고객들이 가장 많이 구매하는 상품은 무엇인지, 앱 마켓에서 소비자 평가는 어떤지, 기술적으로 앱 서비스를 위해 어떤 서버를 이용하고 있는지 등 제품의 모든 방면에 대해 다각적으로 알고 있어야 한다. 영업, 기획, 개발 마인드를 탑재하고 이에 대한 정보를 가지고 있어야 자신이 홍보하는 서비스에 대해 알고 있다고 말할 수 있다.

  둘째, 제품의 브랜드 정체성을 소비자들에게 가능한 한 명확하게 전달해야 한다. 회사와 브랜드에 대해 소비자들이 인식하고 이해할 수 있도록 홍보 활동을 전개해야 한다. 하나의 콘텐츠를 홍보하더라도, 홍보 담당자 자신이 다방 그 자체가 되고, 그 브랜드를 내재화해서 홍보를 해야 한다.

  예를 들어 어떤 스타트업의 서비스는 유쾌한 이미지를 가지고 있는데 그 홍보 담당자를 만나 그런 느낌을 똑같이 받은 적이 있었다. 스마트한 핀테크 서비스 홍보 담당자들은 스마트하다. 다방도 리브랜딩을 통해 다방다움이 무엇인지 고민하고 방법을 찾아가는 중이다.

9. 스타트업 홍보 담당자가 가져야 할 태도 혹은 스킬은 무엇인가요?

홍보 업무를 통해 많은 사람을 만나게 된다. 업무를 진행하면서 좋은 사람을 만날 수 있다는 것이 가장 큰 장점이다. 좋은 사람이란 기자, 스타트업 홍보 담당자 등이다. 이런 관계가 비즈니스 네트워크로 시작해 개인적인 친분까지 이어지기도 한다.

  그렇기 때문에 어떤 사람과 만나서든 한 시간 정도 대화 나눌 수 있는 대화 스킬을 키울 것을 강조하고 싶다. 스타트업 홍보 담당자는 기자, 동종 업계 스타트업 사람, 정부 정책 관계자 등과 종종 미팅하기 때문이다.

이렇게 다양한 사람들을 만나 다양한 주제로 이야기를 나누더라도 막힘 없이 대화에 참여할 수 있는 스킬을 키우는 게 중요하다. 다양한 주제에 대해 이야기하려면 상식이 많아야 하는데, 상식을 가장 쉽게 키울 수 있는 방법은 바로 '신문'이다. 나는 매일 종합지 1개, 경제지 1개를 정독하고 있다. 신문 읽기가 힘들다면 뉴스를 요약해주는 서비스를 이용하는 걸 추천한다.

또한, 누군가를 만나기 전에 '나'라는 사람이 가진 콘텐츠에 대해 생각해 보길 바란다. 부동산 스타트업이다 보니 자연스럽게 건설부동산부 기자를 자주 만나는데 자연스럽게 '어느 지역에 어떻게 거주하는지', 본인이 사는 '집'에 대해 대화를 나누게 된다. '나'라는 사람의 부동산 콘텐츠가 있어야 기자들과 대화하는 것도 수월하다.

10. 스타트업 홍보 담당자를 희망하는 분들에게 해주고 싶은 말이 있나요?

스타트업에 대한 편견을 버리길 바란다. 힘들고, 모든 일을 내가 짊어질 것 같고, 야근도 많다고 생각할 수 있다. 반대로 생각하면 스타트업이어서 자유롭고, 내가 업무를 처음부터 세팅할 수 있고, 그런 자율성 안에서 성장할 수 있는 기회들이 있다. 누군가의 밑에서 업무를 배우기보다, 스스로 찾아서 업무를 하는 사람이라면 오히려 스타트업에서 일하는 게 적합할 수 있다. 스타트업에서는 조금 더 업무

욕심을 부려봐도 좋을 것 같다.

 스타트업이 규모도 작고, 인지도도 낮지만, 주변에 '우리나라가 성장하는 길은 스타트업이 잘 되는 거다.'라며 따뜻한 관심을 가지고 봐주고, 격려해주는 기자들도 많다. 스스로 최선을 다해 노력한다면 인터뷰 기사, 기획기사 등 언론에 기사화할 수 있는 기회와 방법은 많이 있다.

11. 홍보 담당자가 나아가야 할 방향은 무엇일까요?

스포츠, 증권 분야에서 간단한 기사는 인공지능이 작성하는 시대가 됐다. 하지만 기사에서 기자가 담고자 하는 의도, 성향 등을 기계적으로 대체하기는 어려울 것이다. 더불어 홍보 업무를 할수록 느끼는 건, 홍보는 단순히 글을 작성하는 게 아니라 사람 간의 네트워크라고 생각한다. 이건 로봇과 인공지능이 할 수 없는 영역이다.

'중고나라' 미디어전략실 유승훈 전[1] 실장

1. 자기소개 부탁드립니다.

대학교를 호텔 경영학 전공으로 입학했는데, 한 친구가 나에게 지나가는 말로 광고홍보학과와 잘 어울릴 것 같다는 이야기를 했다. 그 말을 듣자마자 '그래 이거다'라는 생각이 들었다. 그때 바로 교무처로 달려가 광고홍보학과로 전과 신청을 했다.

광고홍보학과는 '신문과 TV의 CF 광고'와 메시지를 전달하는 'PR/홍보'로 나뉜다. 그 당시에 100명이면 99명이 광고쟁이, 즉 CF를 만드는 꿈을 꾸고 광고홍보학과에 진학했다. 하지만 나는 다양한 시각으로 세상을 바라보며 일할 수 있는 홍보가 하고 싶었다. 돌아보면 어릴 때부터 신문을 보면서 자연스럽게 세상이 어떻게 돌아가는지를 볼 수 있는 정치, 경제, 사회에 관심이 많았던 것 같다.

대학을 졸업하고 어느 회사 마케팅팀에서 1년간 일을 하게 됐는데, 언론홍보 관련 일은 없었다. 그래서 홍보 관련 일을 해야겠다는 생각으로, 인터넷에서 검색한 홍보대행사의 대표 메일로 무작정 이력서를 보냈다. 그리고 운이 좋게 합격해 본격적인 홍보 담당자의 길을 걷기 시작했다.

홍보대행사에서 IT, 식음료 및 유통, 담배회사, 병원, 공공기관 등 다양한 산업의 홍보를 맡아 진행했다. 기본적으로 언론홍보 업무를 통해 보도자료, 기획기사, 기자 관계 구축에 대한 경력을 쌓았다. 2년 정도 근무하다 내비게이션을 만드는 회사로 이직을 했고, 스마트폰이 보급되면서 시장 상황이 하락세로 들어가자 다시 홍보대행사로 돌아갔다.

2. 홍보대행사에서 스타트업 중고나라로 이직한 이유는 무엇인가요?

홍보대행사 클라이언트 중에 중고나라가 있었다. 중고나라는 2003년부터 네이버 카페로 시작해, 2014년에 법인 설립으로 기업화가 되었고, 2016년부터 본격적인 기업 활동을 시작했다. 회사에 대해 알아가다 보니 계속 성장하는 것이 눈에 보이고 기업문화도 좋아 보여, 대표에게 합류하고 싶다는 제안을 먼저 했다. 빠르게 커가는 기업을 보면서 나 역시 성장할 수 있다는 생각이 들었기 때문이다.

3. 스타트업 중고나라에서 하는 홍보 업무에 대해서 설명해주세요.

현재까지 1인으로 구성된 중고나라 미디어전략실에서 언론홍보, 대외 협력, 사내 커뮤니케이션 업무를 맡아 진행하고 있다.

언론홍보

신규 서비스, 신규 투자 유치, 시즌별 기획 아이템 등 회사와 서비스 관련 뉴스를 언론에 제공해 기사화를 한다. 보도자료, 기획기사, 인터뷰 등을 대략 일주일에 1번 정도 내는 편이다.

　보도자료는 주로 통계, 수치 등 숫자가 뒷받침이 되는 아이템으로 만든다. 중고 거래량 등의 수치를 가지고 홍보 자료를 만들면 변화량을 객관적으로 볼 수 있을 뿐 아니라, 그 정보에 신뢰성이 부여되기 때문이다. 보도자료는 100명 정도의 기자에게 배포한다. 보통 20~

30건 정도 기사화가 되는 편이다.

대표 인터뷰의 경우에는 대표의 성향, 약력, 스토리 배경을 기자한테 미리 전달하고, 사전에 질문지를 받는다. 또한 그 시기 회사의 중요 이슈에 대해 기자들과 커뮤니케이션하면서 인터뷰를 준비한다. 예를 들어, 새로운 사업 런칭 때는 그에 대한 부분을 충분히 기자들과 이야기를 나눈 뒤, 대표 인터뷰를 진행한다.

기자 미팅은 매일 점심 혹은 오후 커피 미팅으로 진행한다. 저녁 있는 삶을 추구하는 편이라 다음 날 더 에너지를 발휘하며 일할 수 있도록 점심과 오후에 미팅을 진행하는 편이다. 기자 미팅은 나의 하루 일과이다. 다른 사람들이 보기에 매일 하는 기자 미팅이 필요 이상으로 많은 것 아니냐고 생각할 수도 있지만 그렇지 않다. 많은 매체들이 있고, 그 안에서 기자들의 인사 이동이 정기적으로 있기 때문이다.

무엇보다 중고나라는 하나의 출입처만 있는 게 아니라 중소기업과 벤처, 유통, 사회, 자동차 등 많은 부분에 걸쳐 있기 때문에 만나야 할 기자들도 많다.

대외 협력(대관 업무)

중고나라는 경찰청, 금감원 등의 정부 기관과의 필수적인 정책 공조를 통해 안전한 거래 문화를 정착하기 위해 노력하고 있다.

과거에는 카페에 부정적인 이슈가 많아 경찰청의 공공의 적이 중고나라라는 우스갯소리가 있었다. 내가 홍보 담당자로 합류한 후, 이런 이야기를 듣고 경찰청과 함께 사기꾼들을 잡아야겠다고 생각했다. 그래서 경찰청과 협력을 공고히 하기 위한 커뮤니케이션에 힘을 쏟았다.

경찰청의 사기 예방법 캠페인을 중고나라 카페에 홍보하기 시작했고, 현재까지 1년에 3번 정도 함께 진행하고 있다. 중고나라에서도 사기를 예방할 수 있고, 경찰청 정책 홍보에도 긍정적으로 작용하는 등 시너지가 나고 있다.

또한 매년 연말에 사기 범죄 소탕에 공을 세운 일선 현장의 우수 경찰관을 선정해 감사패를 전달하는 시상식도 만들었다. 지금까지 부산 금정, 강원 홍천, 서울 혜화 경찰관에게 전달했다.

한 번은 금감원을 사칭한 보이스피싱 범인이 "당신의 정보가 중고나라에서 사용되고 있다."라고 사기 치는 것을 뉴스를 통해 알게 됐다. 이것을 보고 금감원에 범인을 같이 잡자고 제안해 공동으로 현상금을 걸고 실제 목소리를 공개 수배했다. 이렇게 보이스피싱 정책을 알리는 공익적인 홍보 활동으로도 많은 관심을 받았다.

사내 커뮤니케이션

한 달에 한 번씩 전 직원을 모아놓고, 각 부서가 진행하고 있는 사업 현황, 성과, 앞으로 나아가는 방향 등을 PT로 만들어 발표하고 있다. 대표 역시 이 자리를 통해 회사의 비전을 전 직원들과 공유하고 있다.

이를 통해 직원들은 내가 몸담고 있는 회사가 어느 방향으로 가고 있는지를 확인하고, 자신의 업무 방향과 비전도 함께 점검하는 기회를 가질 수 있다. 또한 모든 직원이 한자리에 모이니까 자연스럽게 서로 한마디씩 하면서 친목을 다지게 된다. 평소 이야기할 기회가 많이 없는 타 부서 직원들과도 소통의 기회가 생기는 등의 긍정적인 효과가 있다.

또한 분기마다 전체 직원들끼리 플리마켓도 진행한다. 회사 라운지 공간에서 직원 각자가 가지고 온 물품을 돗자리에 깔아놓는 중고장터가 열린다. 실제 시장에서처럼 직원들끼리 흥정하고 거래하며 소통하는 시간이다. 그냥 하면 재미없으니, 칵테일을 준비해 중고장터를 즐길 수 있도록 진행하고 있다.

4. 홍보 아이템에 대한 아이디어는 어디서 얻나요?

첫째, 신문을 매일 읽는다. 출근 전에 종합일간지 1개를 읽고, 퇴근 후에 경제지 1개를 읽는다. 경제 산업면과 오피니언란을 가장 꼼꼼히 읽는다.

신문 지면은 우리 나라에 내로라하는 홍보팀들의 경연장이다. 중앙 일간지, 중앙 경제지에는 기업, 정부, 공공기관 등의 홍보팀들의 치열한 경연 후의 결과물들이 담겨 있다. 이렇게 매일 살아 있는 홍보 교과서인 신문을 읽다 보면 우리 회사 아이템과 연관된 기사를 발견하게 되고 홍보 아이디어를 만드는 데 도움이 된다. 신문을 통해 언론이 좋아하는 앵글, 대중이 좋아하는 앵글이 매일 나에게 배달되고, 나는 많은 것을 배울 수 있다.

한 예로 작년 연말에 가수 양준일 씨가 컴백했을 때, 그의 중고 음반을 구하기 어렵다는 기사를 보았다. 이 기사를 보고 아이디어가 떠올라 90년대 대표 아이돌인 HOT, 젝스키스, GOD, 신화의 중고나라 앨범 거래 순위를 매겨서 보도자료를 만들었고, 기사화가 많이 되었다.

또 다른 예로 은행이 이제 달력을 만들지 않아 은행 달력 품귀현상이 일어난다는 기사를 보았다. 은행 달력을 걸어두면 돈이 들어온다는 속설이 있을 뿐만 아니라, 이제는 은행 달력을 갖기 어려우니 더 원하는 사람들이 생겼다는 것이다. 그래서 중고나라에서 어떤 은행의 한정판 달력이 가장 인기가 많고 거래가 많이 되는가를 조사해 이를 보도자료로 만들어서 반응이 좋았던 적이 있다. 또한 시즌별로 회사가 강조하고 싶은 이슈와 신문에서 본 사회 트렌드를 엮어서 언론 홍보를 하는 경우도 많다.

둘째, CEO와 지속적으로 커뮤니케이션을 해야 한다. 일단 CEO와 이야기를 많이 해야, 우리 회사의 현황, 앞으로 나아갈 방향 등을 정확히 파악하고 숙지할 수 있다. 중고나라에서는 회의 시간을 정해놓고 하기보다 필요할 때마다 캐주얼하게 이야기하는 편이다.

예를 들어, 라운지 공간에서 운동을 하거나 오락을 하고 있으면 대표가 지나가다가 할 이야기가 있다고 부르기도 한다. 그럼 그곳에서 함께 서서 대화하기도 하고, 내가 먼저 대표를 찾아가서 홍보 아이템에 대해 의논하기도 한다.

셋째, 타 부서장들과 커뮤니케이션해야 한다. 함께 점심을 먹거나,

라운지에서 차를 마시면서 현재 부서에서 진행하고 있는 일들, 계획하고 있는 사업들에 대한 이야기를 듣는다. 자리에 없으면 메신저로 소통한다. 또한 홍보 아이템을 생각한 후 데이터가 필요할 때 각 부서에 요청하기도 한다.

5. 매일 기자 미팅을 한다고 하셨는데요. 본인만의 기자 관계 구축 노하우는 무엇인가요?

주로 듣는다. 기자 미팅에서는 회사 이야기를 하기보다 개인적인 이야기를 많이 하고, 이야기를 잘 들어주는 편이다. 오랫동안 알고 지낸 기자들이 많아서 회사와 관련해서 정보가 필요할 때 기자들한테서 먼저 연락이 오는 편이다.

기자 관계 구축에서 특별한 비결이 있다기보다, 항상 기자들과의 만남을 열어놓는다. 점심 때, 차 마실 때, 어디를 지나갈 때 등 언제든지 그때 생각나는 기자들에게 연락해서 잠깐이라도 얼굴을 보고 이야기를 나눈다. 또한 기자들은 출입처가 매년 바뀔 수 있는데, 나는 출입처 관계없이 기자들을 만나오고 있다.

신입 홍보맨일 때, 기자들의 기억에 남는 홍보 담당자가 되고 싶어서 "비타민 같은 홍보맨 유승훈을 잘 써주세요."라는 문구와 핸드폰 번호를 넣은 볼펜을 사비로 1,000개를 만들어 기자실에 배포했었다. 지금은 보도자료 이메일을 보낼 때도, 메일에 항상 내 얼굴을 넣어 보내고 있다. 이런 열정적인 모습이 좋아 보이는지, 기자들이 기사 아이템이 필요하거나, 재미있는 이야기가 필요할 때 먼저 찾아주는 것 같다.

6. 홍보대행사 홍보와 스타트업 홍보의 차이점은 무엇인가요?

홍보대행사의 장점은 다양한 산업에 대한 홍보를 경험할 수 있다는 것이다. 예를 들어 인하우스에서 1년을 근무하면 그 업종과 관련한 홍보만 하게 되는데, 홍보대행사에서 1년을 일하면 3~4개 이상의 업종을 경험해 볼 수 있다. 나도 홍보대행사에서 유통, 정부 기관, IT, 헬스케어 등의 분야를 맡아 홍보를 진행했었다. 홍보대행사에서는 시간이 갈수록 더 많은 업종을 경험하게 되는데 그런 부분이 자신만의 경쟁력이 된다.

이러한 경험은 어느 업종으로 이직을 해도 잘 적응할 수 있는 기반을 만들어준다. 맡아본 클라이언트 산업의 플레이어들, 경쟁사, 그 산업에 대한 기사의 톤 앤 매너, 그 산업의 주요 전시회 일정을 포함한 산업 사이클 등의 기초지식을 가지고 있을 수 있기 때문이다.

개인적으로는 홍보대행사의 단점에 대해 생각해본 적이 별로 없지만, 다른 사람들의 의견을 들어보면 보통 클라이언트와 홍보대행사는 갑을 관계라고 말한다. 홍보대행사는 항상 을의 위치에 있기 때문에 고객사가 억지스러운 일을 시켜도 해야 하는 등의 어려움을 토로하기도 한다.

사람들은 갑을 관계 프레임 때문에 대행사 일이 힘들다고 하는데

인하우스도 마찬가지고, 더 크게 보면 사실 모든 업종, 모든 회사에는 갑을 관계가 존재하며, 개인적으로는 이것이 홍보대행사만의 어려움은 아니라고 생각한다.

스타트업 홍보의 장점은 업무에서 상당한 자율과 권한이 주어지고, 이와 비례해서 성과가 더 잘 나온다는 것이다. 자율과 권한이 있으니까 생각나는 홍보 아이템을 바로 만들어서, 복잡한 의사결정 없이 홍보 활동을 진행할 수 있다. 대표랑 오늘 논의한 홍보 아이템을 내일 바로 실행할 수 있는 것이다.

이렇게 진행하다 보면 빠르게 성과가 나온다. 일을 잘하면 잘할수록 회사에 대한 기여도가 잘 보이기에 이러한 결과는 동기부여로 이어지고, 보람을 느끼는 선순환이 반복된다. '이번엔 이런 스토리를 만들어봐야지.'라는 생각과 다양한 아이디어가 떠오르고, 성과가 좋으니까 대표도 계속 나를 더 믿고 지지해준다. '자율 - 권한 - 신뢰 - 성과 - 동기부여'가 선순환되는 것이다.

또 내 회사에 애사심이 생긴다는 것이 장점이다. 지금 내가 하고 있는 홍보로 회사를 많이 알릴수록, 나의 가치도 올라간다고 생각한다. 홍보대행사에서는 클라이언트를 대신해 홍보하지만 스타트업에서는 나와 회사의 성장을 동일시하기 때문에 그만큼 더 몰입해서 일할 수 있다.

나는 안 좋은 것은 금방 잊어버리려고 노력하고, 다음 스텝을 준비하는 편이다. 실제로 그렇기 때문에 스타트업 홍보 담당자로 일하면서 단점이 잘 떠오르지 않는다. 정말 이상하게 생각할 수도 있지만 힘든 부분이 별로 없다. 적성에 맞는 일을 하다 보니 일 자체가 즐겁다.

  이 부분에서도 다른 사람들의 의견을 빌리자면 스타트업은 체계가 갖춰지지 않아, 체계를 만들어가는 것이 단점이라고 많이들 이야기한다. 이러한 부분이 적성에 맞으면 장점이 되겠지만, 그렇지 않으면 회사가 엉망이라고 생각할 수도 있다. 또한 체계가 없으니까 새로운 프로젝트에 들어갈 때 시작 및 진행 과정에서 어려움을 느낄 수 있다. 무엇보다 프로젝트가 완료되지 않고 결과가 흐지부지되는 경우도 많다고 들었다.

7. 부정적인 이슈가 나왔을 때 위기 관리는 어떻게 하나요?

부정적인 이슈를 없앨 순 없다고 생각한다. 부정적인 이슈가 나오고 그 기사를 보고 다른 기자들이 연락해 온다면, 그 이슈에 관심을 갖는 기자들에게 사실에 입각한 우리 입장을 정확히 전달해야 한다. 이러한 내용이 반영된 기사들이 많이 나올 수 있도록 노력하는 것이다.

  이렇게 우리의 입장이 반영된 기사들이 잘 나오기 위해서는 기자들과의 관계가 매우 중요하다. 그렇기 때문에 매일 기자들과 미팅하면서 신뢰를 쌓아가고 있다.

8. 스타트업 홍보 담당자로 일하면서 성취감을 느꼈을 때는 언제인가요?

첫째, 홍보를 통해 많은 인재들이 중고나라에 지원했을 때다. 중고나라가 홍보를 하기 전에는 채용 공고를 내면 지원하는 사람이 없거나, 한 명이 지원한다고 하더라도 면접을 보러 오지 않는 경우가 허다했다고 한다. 내가 합류하고 나서 회사 관련 기사가 많이 나오기 시작했고, 그 후 지원자 수가 약 10배 이상 늘었다.

또한 엑셀로 정리한 기사 리스트를 면접 일정이 잡힌 지원자들에게 보내주면 면접 참석률이 90% 이상 된다. 기사를 보고 회사에 대한 인식이 많이 바뀌었을 뿐만 아니라 면접 보러 오기 전 회사를 공부할 때 많은 도움이 되었다는 긍정적인 피드백을 지원자들로부터 받았다. 기사를 통해 많은 인재들이 우리 회사에 대해 알게 됐고, 지원하고 있다는 데 자부심을 느낀다.

둘째, 투자 유치에 도움이 됐을 때다. 중고나라는 중고차 사업, 모바일 고물상, 공동 구매 쇼핑몰 등의 신규 사업에 대한 투자가 필요했다. 중고나라가 기사화가 많이 되면서 네이버 메인에도 걸리고, 신문 지면에도 나오다 보니 기사를 통해 투자자들이 관심을 가지고 먼저 연락이 오는 경우가 있었다. 이후 미팅을 통해 실제로 투자로 이어진 적이 있었는데, 홍보 담당자로서 큰 보람을 느낄 수 있었다.

셋째, 사람들이 중고나라를 커뮤니티가 아닌 기업으로 인식하기 시작했을 때다. 이전에는 중고나라를 네이버 카페로만 생각하는 사람이 대부분이었다면, 홍보 활동을 통해 이제는 기업으로 생각해주는 사람들이 많이 늘어났다는 데에서 성취감을 느낀다.

마지막으로, 홍보 담당자로서 미디어가 원하는 메시지를 파악해서 기업, 제품을 그 메시지에 연결해서 풀어낸 기사가 나올 때의 쾌감과 보람이 있다. 블로그, 인스타그램, 페이스북 등으로도 회사와 제품을 알릴 순 있지만, 무엇보다 언론뉴스만이 신뢰도를 부여할 수 있다고 생각하기 때문이다.

9. 스타트업 홍보 담당자로서 가장 중요하게 생각하는 부분은 무엇인가요?

모든 스타트업 홍보 담당자에게 적용할 수 있는 2가지 마인드가 있다.
첫째는 오픈 마인드이다. 다양한 시각의 정보와 다른 사람의 의견을 받아들이는 마인드가 필요하다. 또한 일하고 있는 산업뿐만 아니라 정치, 경제, 사회 및 타 업계에 대해서도 항상 안테나를 세워놓는 것이 중요하다. 홍보는 스토리를 만드는 일이기 때문에 소스가 많으면 업무할 때 도움이 많이 된다.
둘째는 긍정적인 마인드이다. 홍보하는 사람들은 이야깃거리가 안 되는 것을 되게 만드는 사람이라고 생각한다. 스토리를 만들려면 말이 안 되는 것을 말이 되게끔 조정하고, 첨가하고, 앵글을 바꾸는 등의 노력이 필요하며, 여기에는 긍정적 마인드가 바탕이 되어야 한다.

10. 스타트업 홍보 담당자가 가져야 할 태도 혹은 스킬은 무엇인가요?

무거운 입이라고 생각한다. 대기업이든 스타트업이든 홍보를 잘하는 사람은 말을 잘하는 사람이 아니라, 말을 잘 가려서 하는 사람이다. 홍보 담당자는 할 말과 하지 말아야 할 말을 정확히 알아야 하며 항상 신중하게 판단해 메시지를 전달해야 한다. 회사의 입이기 때문이다.

 기자들의 모든 질문에 답을 해서도 안되고, 답을 안 해서도 안 되기 때문에 적재적소에 필요한 말만 하는 것이 홍보 담당자의 태도라고 생각한다.

11. 스타트업 홍보 담당자를 희망하는 분들에게 해주고 싶은 말은 무엇인가요?

어느 기업이나 마찬가지지만 스타트업 홍보 담당자들은 일당백이어야 한다. 업무 포지션을 한정시키면 안 된다. 스타트업에서는 조직도도 항상 바뀌는 등 유동적으로 일할 때가 많다. 마치 액체 괴물 '슬라임'처럼 언제든지 변해 일을 마무리 지을 수 있는 마인드가 필요하다.

에필로그

홍보는 '지속적으로 의미 있는 활동'을 하는 것이다. '지속적으로 의미 있는 활동'이란 어떻게 우리 회사와 제품의 이야기를 풀어갈까를 계속 고민하고, 그에 대한 다양한 스토리를 만들어 끊임없이 언론홍보, 블로그, SNS 등 다양한 커뮤니케이션 채널로 소개하는 것이다.

홍보 당담자에게는 가능한 한 많은 기회에 우리 회사와 제품을 노출시키는 적극적인 태도가 매우 중요하다. 즉 기사를 한 개라도 더 내기 위해서 다양한 매체의 기자들과의 관계 구축에 힘써야 하며, 기사가 나온다는 확신이 없더라도 계속 새로운 매체와 기자를 발굴해 우리 회사 제품을 소개해야 한다. 다양한 앵글에 대한 아이디어를 내기 위해 제품과 산업에 대해 공부해야 하고, 새로운 홍보 채널을 찾고 사용 방법을 익혀야 한다.

스타트업에서 홍보를 시작할 때 참 막막했다. 모든 것을 0부터 시작하고 10까지 커버해야 했기 때문이다. 의료기기 관련 기자 리스트가 없어서 맨땅에 헤딩하며 1명부터 리스트를 구축해나간 것, 홍보 자료를 한 개씩 처음부터 만들어나간 것, 해외 언론홍보를 처음 시작한 것, 킥스타터 프로젝트를 준비해나갔던 것, 구글 및 페이스북 광고 업무를 맡았을 때 새로운 툴들을 공부하며 진행했던 것 등이다.

가능한 한 많은 기자에게 회사와 제품을 소개하려 했고, CES 행사를 준비할 때도 온갖 기회에 모두 신청하고, 해외 어워드도 무료다 싶으면 무조건 다 넣어보는 등 나름 최선을 다해 일했다고 자부한다. 솔직한 심정으로는 '어디서 어떻게 걸릴지 모르니 다 해보자.'라는 마음이었다.

이런 노력이 통했는지 미국 CNN, Forbes, TechCrunch, Mashable, 일본 NHK, 니케이 등을 포함한 국내 및 해외 유수 매체에 회사와 제품을 많이 기사화할 수 있었다. 행사 준비 과정에서 CES 혁신상도 스스로 찾아보고 신청해 좋은 성과를 내기도 했다.

이런 이야기를 하는 이유는, 스스로 자기주도적으로 일하는 '적극성'을 강조하고 싶어서다. 특히 누가 제대로 가르쳐주지 않는 스타트업에서는 더더욱 이런 태도가 필요하다.

나는 스타트업의 창립 멤버도, 초기 멤버도 아니었지만 '이 홍보 일만큼은 내 것'이라고 생각하고 일했었다. 아무도 모르는 이 스타트업을 모두가 알게 되는 스타트업으로 만들어보고 싶어서, 그리고 그것을 내가 해내야 한다는 사명감으로 열과 성을 다했던 것 같다.

무엇보다 내가 일하고 있는 스타트업이 잘되는 길이 내가 잘되는 길이라고 생각했다. 많은 것이 갖춰진 규모 있는 회사와 달리, 스타트업에서는 성과를 내면, 회사가 발전하고 성장하는 데 크게 도움이 되는 것을 바로 체감할 수 있었다.

이는 결과적으로 열심히 일을 한 자기 자신한테 좋은 일이 된다. 회사 내부 및 외부에서 인정받는 것뿐만 아니라 스스로 성취감을 느낄 수 있었고, 그 과정에서의 노력이 결국 나 자신의 실력이 되었기 때문이다. 그래서 업무가 많아 힘들 때도 버틸 수 있었다.

이렇게 나를 중심에 놓고 회사 업무에 충실하다 보면 자연스레 열정적으로 일하게 된다. 성장은 결국 자기 일에 대해 어떤 태도로 임하느냐에 따라 결정되는 것이다. 이런 생각을 예전에 한 언론 매체와의 인터뷰에서 이야기하니 "내가 잘되기 위해 회사 홍보해요"라는 발칙한 제목으로 기사가 나온 적도 있었다.

예전에 근무했던 스타트업이 대통령이 참석하는 정부 기관 행사에 의료 관련 타 스타트업들과 초대된 적이 있다. 추후 그 행사와 관련한 기사가 여러 신문의 1면에 나왔는데, 그 기사에 대통령이 회사 제품을 착용하고, 필자가 옆에 있는 사진이 함께 실렸다. 신문 1면에 나오려면 정치인, 범죄자, 대기업 재벌 정도는 되야 하는데 스타트업 직원이 1면에 나오는 건 가히 엄청난 일이었다.

물론 정부 기관에서 주최하고, 초대받아서 간 행사였지만 그동안의 홍보가 없었으면 그 정부 기관이 그 스타트업을 어떻게 알고 그 행사에 초대할 수 있었을까? 그동안 꾸준히 언론을 통해 기사화되고, 제품에 대한 소개가 나왔던 것이 그러한 성과를 낼 수 있었던 다양한 이유 중 하나라고 생각한다. 홍보는 객관적으로 그 효과에 대해 설명하기 어렵지만, 홍보가 쌓이고 쌓이면 그 파급력은 엄청난 힘을 발휘한다. 특히 스타트업은 더 그렇다.

이 책이 모든 초보 스타트업 홍보 담당자들의 실무에 조금이라도 도움이 되었으면 하는 바람이다.

스타트업PR

초 판 1쇄 발행 | 2020년 6월 30일

지 은 이 | 최안나
펴 낸 이 | 이은성
펴 낸 곳 | e비즈북스
편   집 | 최지은·김경수
디 자 인 | 백지선

주   소 | 서울시 동작구 상도동 206 가동 1층
전   화 | (02) 883-9774
팩   스 | (02) 883-3496
이 메 일 | ebizbooks@hanmail.net
등록번호 | 제 379-2006-000010호

ISBN 979-11-5783-180-7 03320

e비즈북스는 푸른커뮤니케이션의 출판브랜드입니다.

이 도서의 국립중앙도서관 출판시도서목록(CIP)은 서지정보유통지원시스템 홈페이지(http://seoji.nl.go.kr)와 국가자료공동목록시스템(http://www.nl.go.kr/kolisnet)에서 이용하실 수 있습니다.(CIP제어번호: 2020022233)